시민의 얼굴
정부의 얼굴

김민주

박영사

머리말

시민과 정부라는 단어는 우리가 일상에서 자주 접하는 단어들에 해당한다. 신문이나 TV 그리고 인터넷 등 다양한 매체에서는 물론이고 일상의 공적·사적인 대화에서도 자주 등장한다. 내가 행정학을 전공했고 행정학 전공 교수라서 시민과 정부라는 단어가 유독 잘 들리는 것으로 생각하는 것은 아닌가라는 의구심도 들어서, 다른 전공 교수들이나 학생들이 하는 말을 유심히 관찰해본 적이 있다. 시민과 정부라는 단어를 사용하는 상황과 맥락에서는 차이가 있긴 해도 일상의 단어가 된 것만은 분명해보였다. 그리고 부모님 세대들이 이야기하는 것도 지켜본 적이 있다. 정부라는 단어는 확실히 많이 사용하시는 것 같았고, 정부에 대한 대응관계로서 시민 혹은 국민이라는 단어도 자주 사용하셨다. 용어 사용에서 정부, 국가, 나라 그리고 시민, 국민, 주민 등의 어감에서 오는 차이가 있긴 해도 분명 이들 단어들은 일상의 단어라고 할 정도로 자연스럽게 사용되고 있다. 이 책을 읽고 있는 독자 중에서도 시민과 정부라는 단어가 생소하게 느껴지지는 않을 것이다.

"그만큼 일상의 단어가 된 시민과 정부는 과연 어떤 얼굴로 우리에게 인지되고 있을까?" 은유 이미지와 인지학 등에 대한 우연한 관심이 이 궁금증을 불러 일으켰다. 행정학을 계속 접하고 살다보니 행정학 이외의 관심거리가 생겨도 행정학과 관련지어서 생각하는 일종의 습관 때문에 이 궁금증까지 이르게 된 것이다. 그래서 이 책을 쓰게 되었다.

　시민과 정부의 얼굴이라니? 다소 막연하게 들린다. 그런데 이런 생각을 하면 또 쉽게 다가온다. 사람도 다양한 얼굴을 가지듯이 시민과 정부도 그렇지 않을까라는 생각이다. 실제로 우리의 얼굴 모습도 타인에게 다양하게 인지되고 있고, 그 반대로 우리가 타인의 얼굴을 인지할 때도 마찬가지다. 예컨대, 화를 낼 때는 마치 호랑이처럼 무서운 얼굴을 하다가 친절할 때는 천사 같은 얼굴을 한다. 신날 때는 아기처럼 해맑은 얼굴을 하다가 깊은 생각에 빠져 있을 때는 화두에 몰입하는 수행자 얼굴 같기도 하다. 우리가 자신과 타인의 얼굴을 다양하게 인지하듯이, 시민과 정부가 우리에게 인지되는 얼굴 모습도 다양하지 않을까?

　이 궁금증, 아니 호기심은 사실 이 책을 쓰기 이전에 한 편의 학술논문을 먼저 탄생시키는데 기여했다. 이 책은 '김민주(2016). 시민과 정부는 어떤 이미지로 존재하고 있는가?: 시민과 정부의 13가지 은유 이미지에 대한 대학생들의 인식 분석, 『한국행정연구』, 25(3): 1−32'이라는 학술논문을 더 보완하고 추가 분석과 해석 및 설명을 덧붙여서 만들어졌다. 처음부터 책으로 만들 생각은 없었는데, 학술논문이 나왔을 때 주위의 몇 몇 지인들이 연구결과가 흥미롭다고 한 말에 고무되어 지금의 책까지 이르게 되었다. 물론 분량이 많이 늘어났고, 내용도 학술논문보다는 많이 추가되었다. 특히 새로운 분석을 통해 그 결과를 책 내용에 반영시켰다. 그리고 일반 독자를 위해 학술적인 색체도 많이 옅어지게 다듬었다. 또, 쉽게 이해할 수 있는 예시들도 새롭게 포함시켜서 학술논문보다는 글의 가독성도 높였다.

학술논문의 대중화가 중요하다는 말을 들은 적이 있다. 사실 학술논문은 그 아이디어부터 가치가 있다는 일종의 인정을 받은 것을 의미한다. 아이디어와 연구결과 모두가 나름의 가치를 지니고 있어서 이 사회의 제도권에서 공식적으로 학술적 권위를 준 것이다. 그런데, 소수의 사람들만 그것을 알고 활용한다면 사회 전체적으로 보면 손해가 된다. 그렇다고 해서 해당 분야를 전공하지도 않은 대중들에게 학술논문을 읽어보라고 말하는 것은 조금 과하다. 방법은 학술논문의 저자가 대중들이 큰 어려움 없이 접할 수 있도록 해주면 된다. 물리적인 접근 말고, 실제 읽을 수 있게 하여 정보를 제공해주면 된다. 그 방법 중 하나가 대중들이 읽을 수 있는 책으로 만드는 일이다. 그런 점에서 이 책은 학술논문의 대중화를 위한 작은 실천이기도 하다.

따라서 우연한 호기심에서 시작하여 학술논문을 거쳐 여기까지 이른 만큼, 많은 사람들이 이 책을 보면서 이런 저런 아이디어를 얻고 또 그 아이디어를 발전시키는데 조금이나마 도움이 되었으면 한다. 책 제목에서도 알 수 있듯이 전공에 상관없이 일반인 누구에게나 도움이 되리라 생각한다.

2018년 1월 연구실에서

김민주(金玟柱)

차례

표 차례

제 1 장

일상의 단어가 된 '시민'과 '정부'

제 1 장

일상의 단어가 된 '시민'과 '정부'

1. 단어를 통한 사회 인지

우리는 일상 속에서 많은 단어를 듣고 말하고 쓰고 생각하면서 살아간다. 어쩌면 알게 모르게 사용하는 단어들이 우리가 이 사회를 인지하도록 하고 있을지도 모른다. 더 나아가 우리가 사용하는 단어들이 이 사회를 만들어가고 있을지도 모른다. 철학자 루트비히 비트겐슈타인Ludwig Wittgenstein이 말했듯이 "언어가 세계를 그리며, 내 언어의 한계가 내 세계의 한계"인 것이다.[1] 여기서 포괄적인 의미의 언어를 조금 더 단순하게 보면 언어는 곧 단어들로 구성되어 있으므로, 어떤 사람이 사용하는 언어는 곧 그 사람이 사용하는 단어들에서 비롯된다고 할 수 있다. 그래서 루트비히 비트겐슈타인의 말을 조금 변형시켜서 이렇게 표현할 수도 있다. "우리가 사용하는 단어

---

[1] Buckingham, Will et al.(2011). 박유진·이시은 옮김, 『철학의 책』, 지식갤러리, pp.246~251.

는 우리가 언어를 통해 그리는 이 세상 그림의 한 조각이며, 우리가
사용하는 단어의 한계가 그 그림 조각의 한계가 된다."

　　그래서 TV의 어느 광고에서 나온 말처럼 '이거 뭐라 말로 표현
할 수 없는데 정말 좋다'라는 표현도 우리가 이해하거나 인지하는
세상은 곧 우리가 사용하는 언어, 좀 더 단순하게 본다면 단어를 통
해 나타내는 부분이 많다는 것을 보여준다. 아주 멋진 광경을 봤을
때도 마찬가지다. 어떤 단어를 사용해서 표현해야 할지 몰라서 보고
있는 멋진 광경을 무엇으로 규정할 수가 없다. 그래서 의사소통에
답답함을 느낀다. 나는 개인적으로 논문이나 책을 쓸 때도 비슷한
경험을 많이 한다. 머릿속의 어떤 내용에 대해 단어를 통해 표현을
해야 하는데 그에 적합한 단어가 없어서 애를 먹는 적이 한두 번이
아니다. 이렇게 볼 때 우리가 사용하는 단어는 우리가 세상과 사회
를 인지하도록 하고 또 규정하도록 하는데 중요한 영향을 미친다는
것을 알 수 있다.

　　그런데, 단순히 사용하는 단어가 곧바로 우리가 사회를 인지하
도록 하는 것은 아니다. 어떤 단어를 사용할 때 그 단어에 대해 우
리가 지니고 있는 이미지가 우리의 인지 상황에 먼저 영향을 미친
다. 찰스 필모어Charles Fillmore가 밝혀낸 바와 같이 낱말이나 단어는 적
어도 하나의 개념적 프레임을 참조해서 정의된다.[2] 이 개념적 프레
임 중 하나가 우리가 대상에 대해 지니고 있는 이미지가 된다. 예를
들어, 두 사람이 노을이 지는 바닷가에 서서 "노을이 지고 있다"고
말을 한다고 생각해보자. 둘은 그 순간의 현실을 어떻게 인지할까?

2　Lakoff, George(2012). 나익주 옮김, 『폴리티컬 마인드: 21세기 정치는 왜 이성과
　합리성으로 이해할 수 없을까?』, 한울아카데미, p.81.

그 순간을 동일하게 인지하고 있을까? 그렇지 않다.

　노을이라는 같은 단어를 사용하긴 해도 노을이라는 단어가 각자에게 어떤 이미지로 투영되어 있는가에 따라 그 순간을 서로 다르게 인지할 가능성이 높다. 노을이 황홀함으로 이미지화되어 있는 사람은 노을이 지고 있다고 말할 때 그 노을이라는 단어로 인해 그 순간을 황홀함으로 인지할 것이다. 하지만 만일 노을이 슬픔으로 이미지화되어 있는 사람은 노을이라는 단어를 사용함과 동시에 노을이 주는 슬픔의 이미지로 인해 그 순간이 슬픔으로 인지될 것이다. 사실, 가덕도라는 섬에서 자란 나는 노을이라는 단어가 약간은 슬픈 이미지로 각인되어 있다. 어린 시절 바닷가에서 아주 즐겁게 놀다가 노을이 질 때면 집으로 가야 하는 마음 때문이었는지는 몰라도 노을에 대한 이미지는 슬픔으로 자리 잡고 있다. 그러나 이 글을 읽고 있는 대부분의 독자들은 그렇지 않을 것이고, 또는 다른 이미지를 가지고 있을 수도 있다. 바로 이 점이다. 우리가 세상을 인지할 때는 언어, 즉 단어를 사용함과 동시에 그 단어의 이미지가 어떻게 형성되어 있는가에 따라 영향을 받는다. 이는 단어의 사전적인 의미나 관습적인 의미를 정확히 알고 있는지의 여부와는 상관없다. 노을이라는 사전적인 의미를 정확히 알고 있다고 하더라도 그 단어에서 떠오르는 이미지는 충분히 다를 수 있다.

2. 자주 접하는 '시민'과 '정부'라는 단어

우리가 사용할 수 있는 단어는 무수히 많다. 두꺼운 사전을 보면 금방 알 수 있다. 우리나라는 한글뿐 아니라 한자어와 영어 단어까지 별 거부감 없이 사용하는 상황이라서 일상 속에서 사용할 수 있는 단어는 아주 많다. 그렇지만 흔히 영어를 배울 때 자주 들었던 말인, '몇 개의 단어만 알아도 영어로 의사소통하는데 큰 무리가 없다'는 말처럼 실제 사용하는 단어는 그리 많지 않다. 한정된 단어로 의사소통하는 경우가 많은데, 그 단어들이 어떤 단어들인지 사람에 따라 차이는 있을 것이다.

이 책에서는 '시민'과 '정부'라는 단어를 그 단어들 중 하나로 선택하였다. 일상을 살아가면서 자주 사용하는 한정된 단어들 중 하나가 시민과 정부라는 단어인 것이다. 여러 단어들 중에서 이 두 단어에 특히 초점을 둔 이유는 이 두 단어가 미치는 영향 때문이다. 사회 속에서 살아가는 인간은 시민과 정부라는 일종의 '장치(dispositif)' 속에서 매일을 살아간다. 여기서 장치란 생명체들의 몸짓, 행동, 의견, 담론 등을 포획, 지도, 규정, 차단, 주조, 제어, 보장하는 능력을 지닌 모든 것을 의미한다. 장치는 무수히 많은 형태(형성물, 형성체)로 존재하는데, 그 중에서도 가장 오래된 장치는 언어이다.[3] 언어를 더 구체적으로 나누어서 보면 단어가 그 중 하나가 된다. 그런 점에서 시민과 정부라는 단어도 마찬가지다. 실체로서 존재하는 어떤 형태의 시민과 정부가 있다면 그것도 곧 장치가 되지만, 시민과 정부라는 단어 자체가 곧 장치가 된다.

애초에 사회 속의 인간은 자연적 인간으로 그대로 살아가는 것이 아니라 사회라는 큰 겉옷(장치)을 걸치고 있고, 동시에 그 보다 조금 더 작은 무수히 많은 또 다른 옷(장치)도 입고 있다. 다시 말해, 사회라는 겉옷은 사회인으로 보이도록 해주는 일종의 장치이며 그것으로 인해 인간은 자연적 인간을 뒤로하고 사회적 인간이 되며, 더 나아가 이 사회적 인간은 다시 시민으로 불리면서 시민이라는 장치를 덧대고 있다. 그리고 이 시민이라는 단어의 대응점에 서 있는 것은 정부다. 정부가 대상으로 삼는 집단은 다양하게 세분화할 수 있지만 가장 기본적으로는 시민이기 때문에 시민과 정부는 서로 대응해서 존재하고 있다. 이에 대해서는 시민들의 계약에 의해 성립된 권위체가 바로 정부가 된다는 계약론 사상이 강력한 뒷받침이 된다. 그래서 정부 역시 단어 그 자체로서도 장치가 되기도 하지만, 시민과 대응해서 실체 혹은 권력체로서 존재함으로써 또 다른 장치가 된다.

시민과 정부를 이처럼 일종의 장치로 본다면 이 둘이 우리에게 미치는 영향을 좀 더 쉽게 이해할 수 있다. 이렇게 보면 된다. 인간의 삶에 초점을 두고 어떤 대상의 영향을 고려할 때, 인간의 행위와 생각에 항상 붙어 다니는 그 무엇이 있다면 그것이 가장 큰 영향을

---

3 Agamben, Giorgio(2010). 양창렬 옮김, 『장치란 무엇인가? 장치학을 위한 서론』, 난장, pp.15~48.

미치는 존재일 것이다. 사회인으로서 인간에게는 그것이 바로 '시민'
과 '정부'인 것이다. 단어 그 자체가 되건 실체가 되건 그렇다. 이
둘은 장치가 되어 우리에게 영향을 주는 능력을 발휘한다. 실제로
아침에 일어나서 밤에 잠들 때까지 그리고 태어나서 죽을 때까지 인
간은 '시민'과 '정부'라는 굴레에서 좀처럼 벗어나기 힘들다. 예컨대,
아침에 일어나서 먹는 밥의 식재료는 정부의 식품안전 정책에 따라
우리 식탁까지 온 음식물이고 출근할 때 이용하는 교통수단도 정부
의 교통정책으로부터 영향을 받고 있다. 한 '시민'이기 때문이고, '정
부'가 존재하기 때문이다. 태어나면 출생신고를 하고 죽게 되면 사
망신고를 하는 등 한 사회의 '시민'으로서 인간은 언제나 '정부'와 관
계를 맺으면서 영향을 받고 있다. 이처럼 한 인간은 '시민'으로서,
그리고 그 시민을 대응하는 주체인 '정부'로부터 끊임없이 영향을 받
으며 살아간다.

　　시민과 정부라는 단어가 갖는 중요성이 여기에 있다. 우리가 자
주 접하고 영향을 받기 때문이다. 그런 만큼 이 두 단어에 대한 다
양한 논의와 분석과 이해가 필요하다. 그 중 하나가 이 두 단어에
대한 우리의 인지 모습을 살펴보는 것이다. 이 두 단어가 우리에게
어떻게 인지되고 있는지를 알게 된다는 것은 시민과 정부라는 단어
를 사용하며 일상을 살아가는 우리의 삶이 어떤 모습인지를 알 수
있게 해주는 것과 같다. 만일, 단순히 우리를 넘어 많은 사람들이
이 두 단어를 어떻게 이해하는지를 알게 된다면, 그 결과는 사람들
이 사회를 이해하는 척도가 될 수도 있을 것이다. 더 좁혀서 본다
면, 이는 나 자신에 대한 이해가 되기도 한다. 한 개인으로서 혹은

사회인으로서 존재하고 있는 내가 걸치고 있는 장치 중 하나인 시민과 정부가 사람들에게 어떻게 인지되는지 아는 것은 곧 나에 대한 정체성 탐구이기도 한 것이다. 이렇듯 일상에서 자주 접하는 시민과 정부라는 단어는 이 책에서처럼 인지 모습을 살펴보건 아니면 또 다른 무엇이건 탐구의 대상이 되기에는 충분하다.

3. 시민과 정부에 대한 인지와 은유 이미지

　　그렇다면 과연, 일상의 단어가 되어 자주 접하는 시민과 정부 혹은 정부와 시민이라는 단어는 우리에게 어떻게 인지되고 있을까? 이 책은 바로 이 물음에서 시작되었다. 그런데 사람이 인지한다는 것은 다양한 측면에서 논의될 수 있다. 하지만 이 책에서는 인지한 다는 것을 단어에 대한 '이미지'로 살펴본다. 사람들은 이미지를 통해 많은 것을 인지하고 있고 또 그 이미지를 통해 대상을 표현도 하기 때문이다. 시민과 정부도 이미지를 통해 인지된다.

　　우선, 우리에게 정부는 어떤 이미지일까? 일상의 신문이나 TV의 뉴스 등에서 '정부'는 자주 언급된다. 특히 행위주체로서 정부는 거의 매일 등장한다. 지금 당장 스마트폰이나 컴퓨터를 이용해서 뉴스를 검색해보면 곧바로 확인할 수 있을 것이다. 그런 만큼 인지적 동물로서 사람들은 정부에 대한 일종의 상像을 지니고 있다. 이와 함께 시민은 어떤 이미지일까? 시민 역시 신문이나 TV 등에서 종종 등장하는 단어들 중 하나이다. 우리 스스로가 시민권을 지닌 시민으로서 사회생활 속에서 그 단어를 자주 접하게 되면서 역시 일종의 상을 그리고 있다. 그렇다면, 시민과 정부에 대한 이러한 상은 어떻게 존재하고 있을까? 이 책은 시민과 정부가 우리 생활에서 자주 접하는 단어 혹은 주체로서 이미 사람들에게 일정한 이미지로 자리 잡고 있다는 점에서, 그것을 은유 이미지(metaphorical image)로 찾아본다. 시민과 정부에 대해 사람들이 어떤 이미지로 인지하고 있는가에 대한 것을 조금 더 구체화하여 은유 이미지를 통해 인지하는 모습을 살펴본다는 것이다.

연구와 분석에서 논의의 명료함을 위해서는 초점을 구체화할 필요가 있다. 이 책에서도 시민과 정부에 대한 사람들의 인지를 살펴볼 때, 여러 인지의 측면들 중에서도 이미지를 통한 인지에 초점을 두되, 그 중에서도 은유 이미지를 통해 살펴볼 것이다. 따라서, 앞서 찰스 필모어Charles Fillmore가 밝힌 '낱말이나 단어는 적어도 하나의 개념적 프레임을 참조해서 정의 된다'의 주장을 인용하면서 개념적 프레임 중 하나가 이미지가 된다고 했는데, 보다 구체적으로 말한다면 그것은 은유 이미지라고 할 수 있다.

여기서 다시 이런 의문이 든다. 왜 은유 이미지로 찾는가? 그것은, 은유가 사람들의 인지적 도구(cognitive instrument) 중 하나이면서 인지 활동에서 가장 기본적인 기능을 하기 때문이다. 실제로 은유는 기본적으로 우리의 생각을 언어로 표현해 주는 방식이고 동시에 사물에 대해 사고하는 방식으로 이해되고 있다.[4] 인지언어학적 관점에 따르면, 사람들은 대상에 대해 은유 이미지를 사용함으로써 직접적이고 자구적인 언어보다 암시와 함축을 통해 훨씬 더 많은 것을 전달 할 수 있다. 서술 대상에 대한 의미의 부정확함이나 불분명

---

4 임지룡 외(2015). 『비유의 인지언어학적 탐색』, 태학사, p.26.

함도 해소해주고, 화자가 무엇을 생각하며 어떻게 느끼는지를 창조
적인 방식으로 전달해주기도 한다. 또한, 대상에 대해 다양한 측면
에서 이해할 수 있게 해준다. 그래서 은유는 감정, 평가, 설명을 보
다 다양하고 창조적이며 효과적으로 전달해주는 강력한 도구가 된
다. 쉽게 말해, 은유 이미지의 사용은 구체적인 영상을 사용해서 추
상적인 것을 전달하며, 이는 설명하기 어려운 것을 전달하는데 도움
이 된다.[5] 그래서 일상 언어에 편재해 있는 은유 이미지는 일탈된
표현이 아니라 매우 자연스러운 개념화 과정의 일환이다. 우리의 경
험과 사고를 제대로 처리하고 확충할 수 있게 하고, 우리의 자연스
럽고 풍부한 경험의 경향성을 제대로 파악해서 유의미하게 규명해내
는 기제가 바로 은유 이미지이다.[6]

　이처럼 은유 이미지는 인간의 언어활동에서 인지적 도구로서 기
본적인 기능뿐 아니라 여러 장점을 지니고 있다. 그렇기 때문에 인
간은 무의식적이고 자연스럽게 은유 이미지를 수시로 사용하면서 대
상을 인지하고 있다. 이 책에서 관심을 두고 있는 시민과 정부의 이
미지를 사람들의 인지적 은유를 활용해서 찾고 분석하는 이유도 바
로 그 때문이다. 즉, 그 만큼 인간의 언어활동에서 대상 인지에 밀
접한 관련을 맺고 있는 것이 은유 이미지인 것이다.

　사실, 그동안 시민과 정부에 관한 논의 자체는 오래전부터 있었
다. 토마스 홉스Thomas Hobbes, 존 로크John Locke, 장 자크 루소Jean Jacques
Rousseau, 헨리 데이비드 소로Henry David Thoreau 등은 그 대표적인 학자들

---

5 Knowles, Murray and Rosamund Moon(2008). 김동환·김주식 옮김, 『은유 소개』,
　한국문화사, pp.5~17.
6 임지룡 외(2015). 『비유의 인지언어학적 탐색』, 태학사, pp.13~14.

이다. 하지만 시민과 정부에 대한 논의를 보다 일상생활 속의 언어로, 그리고 직관적인 상을 구체적으로 보여주는 방식으로, 또 인식의 틀(frame)에 기초한 방법으로 논의한 것은 많지 않았다. 이어서 논의 될 이 책의 '제3장 새로운 시도'에서 기존의 유사한 연구들을 검토하는 과정을 통해 구체적으로 살펴보겠지만, 특히 시민에 대한 그와 같은 연구는 찾기 힘들다. 어쩌면 은유 이미지를 통한 대상에 대한 이해가 더 현실적이고 실제적일 수 있는데도 불구하고 이에 대한 분석은 매우 드문 실정이다. 그런 실정과 달리 현실 속에서 은유 이미지는 일종의 인식의 틀 역할을 하기 때문에 대상에 대한 인식과 후속되는 여러 활동에 직·간접적으로 많은 영향을 주고 있다. 실제로 동일한 대상을 어떤 은유적 비유로 인지하고 있는지에 따라 대상에 대한 다른 해석이 가능하기 때문에 사람들의 인식 차이는 물론이고 그에 따른 정책 차이까지 낳는다.[7] 따라서 이 책에서는 시민과 정부에 대한 사람들의 은유 이미지를 분석해서 보다 현실적으로 인지되고 있는 시민과 정부의 상을 제시하고 그로부터 의미 있는 메시지를 찾으려 한다.

---

7 Lakoff, George(2002). Moral Politics: *How Liberals and Conservatives Think*, Chicago: University of Chicago Press.

제 2 장

은유 이미지를 통한 이해

제 2 장

은유 이미지를 통한 이해

1. 비유로서 은유 이미지

무엇인가를 인지한다는 것은 인간이 생존한다는 것을 보여주는 것이 아닐까? 그리고 다른 사람이 인지한 것을 전해 듣고 또 내가 인지한 것을 다른 사람에게 말하는 것은 사회적 삶의 토대가 되는 것은 아닐까? 그래서 사회 속에서 인간은 스스로 그리고 다른 사람과 함께 끊임없이 대상을 인지하면서 살아간다. 인간이 사회적 존재로서 다른 사람과 관계를 맺고 소통을 하는 것은 대상을 인지하는데서부터 시작된다. 그 무엇이 되었든 인식 주체의 외부에 있는 대상을 인지하는 것은 인간 행동의 가장 기본이다.

대상에 대해 인지하거나 인식하는 것은 다양한 방법으로 할 수 있는데, 인지언어학에서는 대상에 대한 우리의 개념 체계는 본질적으로 비유적이라고 본다. 그래서 사람들은 많은 경우 비유를 통해

대상을 인식한다는 관점이다. 즉, 외부세계를 인지하거나 내면세계
를 표출할 때 '글자 그대로의 의미'만으로는 감당해 내지 못하는 것
들이 많기 때문에 비유적 표현이 많이 사용된다는 것이다.[1] 여기서
비유적(figurative)이란, 한 용법이 문자적(literal)이라고 부를 수 있는
다른 용법과 은유적 또는 환유적 관계에 의해 동기화되는 것을 의미
한다.[2]

　　여기서 은유(metaphor)란, 어떤 유사한 성질이나 속성에 근거해
서 서로 다른 두 대상을 연결시켜 나타내는 것이다. 서로 다른 두
대상은 이미 익숙한 어떤 것과 익숙하지 않은 어떤 것이다. 이때 이
미 익숙해져 있는 어떤 것을 통해서 익숙하지 않은 것을 표현하는
것이 은유다. 예컨대 '논쟁은 전쟁이다'라고 하면 논쟁이 정말 전쟁
이라는 것이 아니라 논쟁이 전쟁만큼 치열하다는 것을 나타낸 표현
이다. 추상적이어서 익숙하지 않은 단어인 논쟁을 전쟁이라는 익숙
한 대상으로 나타낸 것이다. 격언처럼 사용되는 '인생은 마라톤이다'
라는 것도 은유의 예가 된다. 인생을 마라톤으로 표현한 것이지 인
생이 정말 마라톤이라는 말이 아니다. 그 외 은유적 표현의 사례는
우리 주변에서 많이 찾을 수 있다.

　　또 다른 비유의 방법으로서 환유(metonymy)란, 어떤 단어나 낱
말을 그것과 긴밀하거나 관련이 깊거나 혹은 가까운 관계에 있는 것
으로 여겨지는 다른 단어나 낱말로 표현하는 것을 말한다. 예컨대
'그 소설가는 결국 붓을 꺾었다'라고 하면 소설가가 물체로서 자신의

1　임지룡 외(2015). 『비유의 인지언어학적 탐색』, 태학사, pp.15~18.
2　Dancygier, Barbara and Eve Sweetser(2015). 임지룡·김동환 옮김, 『비유언어: 인지
　　언어학적 탐색』, 한국문화사, pp.5~7.

붓을 진짜 꺾었다는 뜻이 아니라 글쓰기를 중단했다는 의미다. 그리고 '그 병원의 젊은 백의 천사는 언제나 웃음을 잃지 않았다'에서 백의 천사는 간호사를 가리킨다. 이처럼 어떤 대상에 대해 많은 사람들에게 비교적 공통적으로 일정한 관념을 떠올리게 하는 것을 이용해서 그 관념을 나타내는 것이 환유다.

은유는 정치적이고 의도적이고 조작적으로도 사용될 만큼 어떤 대상에 대한 표현의 운신의 폭이 넓은 편이지만, 환유는 많은 사람들에게 받아들여지는 일정한 관념에 기초한 표현이 전제되기 때문에 은유보다는 운신의 폭이 좁다. 그래서 특정한 공통된 관념적 표현으로 자리 잡고 있지 않은 시민과 정부에 대한 이미지는 은유로 찾는 것이 더 적절하다. 이미 비유의 한 방법으로서 은유는 우리의 일상생활에서 무의식적으로 고착되어 있을 만큼 흔히 사용되면서 일정한 이미지를 창출하여 대상에 대한 이해를 돕고 있다. 일부 편협한 시각에서는 은유가 종종 문학과 관련되어서만 연상된다고 하지만, 사실 은유는 일상의 의사소통과 분리되고 고립된 언어적 용법의 고상한 끝단에 있는 예술적 장식인 것만은 아니다. 대신, 은유는 전체 언어활동에서 발생하는 기본적인 현상이다.[3]

그래서 대상을 이해할 때 은유를 사용하면 직접적이고 자구적인 언어보다 암시와 함축을 통해 훨씬 더 많은 것을 전달 할 수 있다. 이것이 가능한 것은 인간에게는 비유적으로 표현할 수 있는 의식과 언어가 있고, 또 신체적이고 사회물리적 경험을 통해 대상과 은유 이미지 간의 유사성을 동기화할 수 있는 인지능력도 확보되어 있기

---

3 Knowles, Murray and Rosamund Moon(2008). 김동환·김주식 옮김, 『은유 소개』, 한국문화사, p.2.

때문이다.[4] 이 인지능력이 작동하면서 은유 이미지를 통해 대상을 다양하고 풍부하게 이해한다. 이 책에서 여러 비유법 중에서도 은유 이미지로 시민과 정부의 이미지를 찾는 것도 그 때문이다.

---

4 임지룡 외(2015). 『비유의 인지언어학적 탐색』, 태학사, pp.18~21; Knowles, Murray and Rosamund Moon(2008). 김동환·김주식 옮김, 『은유 소개』, 한국문화사, pp.16~17; Kövecses, Zoltán(2000). *Metaphor and Emotion: Lange, Culture, and Body in Human Feeling*, Cambridge University Press.

2. 은유 이미지를 통한 인지 작동

은유 이미지를 만드는 인지능력이 작동되는 과정을 살펴보면, 근원영역(source domain)과 목표영역(target domain)을 맵핑(mapping) 하는 활동으로 구성되어 있다.[5] 일반적으로 은유는 근원영역이라고 부르는 구조화된 영역에서 나온 개념적 요소를 목표영역에 투사하는 단방향적 맵핑(unidirectional mapping)으로 이루어진다. 여기서 근원 영역이란 우리에게 익숙하고 구체적이어서 구조화된 경험이고, 목표 영역이란 우리에게 낯설고 추상적이어서 구조화되지 않은 경험이다. 혹은 반드시 낯설거나 추상적이지 않더라도 은유 이미지로 표현하려 는 은유의 대상이 되는 영역이다. 예를 들면 '논쟁은 전쟁이다'라는 은유에서는 전쟁이 근원영역이고 논쟁이 목표영역이 된다. 이는 전 쟁을 통해 논쟁을 설명하고 이해하기 위해 사용된 은유 이미지의 표 현 것이다. 따라서 은유 이미지는 곧 구체적인 근원영역에서 추상적 인 목표영역으로의 정신적 맵핑이자 사고하는 방식이다.[6]

---

5 목표 영역은 주제영역(subjective domain)으로 불리기도 한다.

6 임지룡 외(2015).『비유의 인지언어학적 탐색』, 태학사, pp.18~21; Dancygier, Barbara and Eve Sweetser(2015). 임지룡 · 김동환 옮김, 『비유언어: 인지언어학적 탐색』, 한국문화사, pp.22~29; Sullivan, Karen(2013). *Frames and Constructions in Metaphoric Language*, Amsterdam and Philadelphia: John Benjamins.

그런데 은유 이미지 형성에서 근원영역은 반드시 한 가지만 있는 것은 아니다. 즉, 목표영역은 다양한 어휘 선택으로 표현될 수 있다. 논쟁이 전쟁이라는 말이 너무 강하게 들린다면 이를 '논쟁은 전투다'로 표현할 수도 있다. 또는 '논쟁은 사랑의 속삭임이다', '논쟁은 치료다', '논쟁은 자동차 경주다' 등의 표현도 가능하다. 목표영역이 한 가지 맵핑을 통해서만 은유적으로 이해되는 것은 지극히 드물다. 이는 사람마다 인식의 틀(frame)이 다르기 때문이다. 그래서 은유 이미지를 틀에 따른 맵핑 과정 혹은 결과로 보기도 한다.[7] 틀이 다양한 만큼 목표영역을 인지하는 틀도 다양하고 그로부터 근원영역으로 맵핑해서 드러나는 은유도 다양하다.

시민과 정부 이미지도 이러한 맵핑으로 은유 이미지가 형성된다. '시민은 ㅇㅇ이다', '정부는 △△이다'로 표현될 때 근원영역은 각각 'ㅇㅇ'와 '△△'이고 목표영역은 '시민'과 '정부'다. 그리고 사람들의 인식의 틀이 다양한 만큼 'ㅇㅇ'와 '△△'은 다양할 것이다.

이처럼 그 대상이 시민이 되었든 정부가 되었든 혹은 그 무엇이 되었든 인지 대상을 은유 이미지로 이해하는 것은 인간이 가지고 있는 개념적 프레임 때문이다. 사람이 무엇인가를 관찰해서 사실을 인지하고 기록하는 것은 인간이 가지고 있는 개념적 프레임에 따른 것이다.[8] 개념적 프레임은 인간이 대상에 대해 형성하고 있는 상(image)의 토대이다. 따라서 은유 이미지도 개념적 프레임의 하나이고 그것

---

7 임지룡 외(2015). 『비유의 인지언어학적 탐색』, 태학사, pp.18~21; Dancygier, Barbara and Eve Sweetser(2015). 임지룡·김동환 옮김, 『비유언어: 인지언어학적 탐색』, 한국문화사, pp.22~29; Sullivan, Karen(2013). *Frames and Constructions in Metaphoric Language*, Amsterdam and Philadelphia: John Benjamins.

8 Chalmers, Alan(2003). 신중섭·이상원 옮김, 『과학이란 무엇인가?』, 서광사.

을 통해 스스로의 이해와 타인과의 의사소통을 가능하게 해준다.

개념적 프레임에 기초해서 사유할 수 있는 인간, 언어가 있는 인간, 그리고 이를 통해 생성적 기능(generative function)을 하는 은유 이미지를 형성하고 사용하고 있는 인간은 사회를 만들고 관계를 구조화시켜나간다. 이때 은유는 우리의 개념체계를 형성해서 실재를 규정하고 구성하는데 핵심적인 역할을 한다.[9] 따라서 사회적 존재로서 인간은 인지적 작용을 통해 생성한 은유 이미지를 사용해서 어떤 대상에 대하여 지각, 자각, 소통, 이해, 연상, 추론, 구성, 재생산 등을 하는데, 시민과 정부도 은유 이미지의 대상이 될 수 있다.

이는 곧 은유 이미지를 통한 인지작동이 주는 관계 형성을 보여준다. 실제 은유 이미지는 사물들 사이의 연결선과 교통로를 내어서 충분한 관계망을 짜는 행위이기도 하다. 그래서 은유는 존재의 원자화 경향에 항거하는 역할을 한다.[10] 즉, 은유 이미지는 고립된 대상이나 사건들의 연속에 관계의 지속성과 신의를 낳게 해줌으로써 낱알이 아닌 존재로 남게 해준다. 더 쉽게 말하면 은유를 통해 사물들은 서로 친해진다. 그리고 관계가 형성된다. 그런 점에서 시민과 정부에 대한 은유 이미지도 개인으로서 인간의 인지 세계와 의식에 하나의 관계망으로 자리 잡고 있다. 그래서 은유 이미지를 통한 인지 작동에 따라 대상을 이해하는 것은 단순한 유익함을 넘어 어쩌면 더 현실적이라고 할 수 있다.

---

9 Lakoff, George and Mark Johnson(2003). Metaphors we live by, Chicago: University of Chicago Press.
10 한병철(2013). 김태환 옮김, 『시간의 향기: 머무름의 기술』, pp.82~84.

3. 은유 이미지의 한계와 극복 방법

은유 이미지를 통해 대상을 이해할 때 한 가지 주의할 점이 있다. 그것은 은유 이미지가 대상에 대한 이해를 '밝게' 해주기도 하지만, 다른 한편으로는 '어둡게'도 하기 때문이다. 은유를 통한 대상에 대한 이해는 대상의 모든 측면을 다 말해주는 것이 아니다. 특정한 영역이나 측면을 강조하는 대신, 다른 측면에 대해서는 모호하게 두거나 드러내지 않는다. 드러내지 않는 것은 어둡게 해버리는 것과 같다. 예컨대, '논쟁은 전쟁이다'라는 은유는 자칫 논쟁이 갖는 전쟁과 유사한 속성만 강조하게 되어 논쟁의 또 다른 속성이나 의미에 대해서는 간과하거나 놓쳐버리게 되는 결과를 낳기도 한다. 이처럼 은유 이미지는 특정한 관점(view)이기 때문에 어떤 특징에 초점을 맞추는 것은 다른 특징들의 희생을 요하는 결과를 낳는다.[11]

그래서 가장 무서운 것 중 하나가 특정한 은유 이미지로 고착된 대상이다. 그 대상은 해당 은유 이미지로만 이해될 뿐이다. 그러다 보니 때로는 악용되기도 한다. 정치인이 자신의 이미지를 은유를 통해 지속적으로 각인시키는 것이다. 물론 과하게 포장된 좋은 은유

---

11 Tietze, Susanne, Laurie Cohen and Gill Musson(2013). 신병현 옮김, 『언어와 조직이해』, 커뮤니케이션북스, p.56.

이미지일 것이고, 그것으로 나머지 것들은 가리는 전략이다. 선거철이 되면 이런 사례는 종종 목격된다. 최근에는 도시의 이미지도 은유 이미지로 나타내는 경우가 있는데,[12] 잘 활용하면 도시의 브랜드와 인지도를 높이는 일이 되지만 자칫 해당되는 이미지로 고착시켜버릴 수도 있다. 그 도시의 더 좋은 특징이 가려지는 것이다.

이처럼 은유 이미지는 대상을 쉽게 공감하고 이해하게 하지만 동시에 그 외 여러 면들을 간과하도록 하는 결과를 낳기도 한다. 은유 이미지를 통한 대상 이해에서 이런 한계를 극복하는 방법은 대상에 대한 여러 은유 이미지들을 함께 고려하는 것이다. 그렇게 하면 대상에 대한 다양한 관점을 알 수 있게 되고 이해를 더 높일 수 있다. 제한된 이해를 넘어 보다 포괄적이고 균형적인 이해, 그리고 여러 이미지를 가진 대상의 본래 모습을 총체적으로 이해하도록 해준다. 이 책에서 시민과 정부의 이미지를 이론적 배경에 근거해서 13가지로 도출하여 살펴보는 이유도 바로 그 때문이다. 한 가지 은유 이미지로 보는 것이 아니라 시민과 정부의 이미지 각각 13가지를 함께 살펴봄으로써 두 대상의 이미지를 합하면 총 26가지가 되기 때문에 은유 이미지로 대상을 이해할 때 생길 수 있는 가장 기본적인 한계를 극복하려고 하였다.

따라서 어떤 대상에 대한 은유 이미지가 많이 존재한다면 그 대상을 은유 이미지로 이해하는 것이 반드시 위험하지만은 않고 오히려 더 흥미로울 것이다. 다양한 은유 이미지를 가능한 한 모두 살펴보면서 이해하면 대상에 대한 다채롭고 다각적인 이해를 높인다. 하

---

12 김민주·김유라(2016). 지방도시 이미지와 전통사상 간 상호의존성 분석: 영주시의 선비도시 이미지와 전통선비사상을 중심으로, 『한국선비연구』, 4: 209~232.

나의 은유 이미지만 존재하는 대상이라면 은유 이미지가 가려버리는
어둠이 존재하겠지만, 그렇지 않다면 큰 문제는 없다. 그리고 무엇
보다도 어떤 대상에 대한 은유 이미지가 많이 존재한다면, 그 자체
가 해당 대상의 중요성을 말하는 것이고 은유 이미지가 그 만큼 더
중요하게 대상을 이해하는 역할을 해준다는 증거가 된다. 그 증거를
확인하는 것이 대상 본연의 뜻을 이해하는 것 보다 더 효율적일 수
있다. 특히 어떤 대상에 대한 은유 이미지가 사회적으로 구성된다고
한다면 더욱 그렇다. 시민과 정부에 대한 은유 이미지는 다양하고
사회적으로 구성된 면도 강하다고 볼 수 있기 때문에 이에 대한 분
석은 충분히 흥미롭다.

제 3 장

새로운 시도

제 3 장

새로운 시도

1. 이전의 시도들

이 책이 존재가치를 지니기 위해서는 기존의 관련된 연구나 분석 결과와는 다른 어떤 것을 보여주어야 한다. 다른 어떤 것이란 기존에 발견하지 못했던 것을 발견했다든지, 아니면 기존 연구에서는 놓친 부분을 추가하는 연구라든지, 또는 기존에 시도하지 않은 연구를 한다든지, 시도했지만 아직 충분한 연구라 볼 수 없기 때문에 새로운 사례나 주제 및 소재로 보충적인 연구를 한다든지, 혹은 기존에 했던 연구들에서 잘못된 방법으로 행해진 분석을 바로 잡아서 한다든지, 기존에 발견되었던 결과를 다른 관점에서 새롭게 이해되거나 해석될 수 있다는 점을 보여주는 것이라든지, 아니면 기존에 제시된 연구결과가 사실은 의미 없는 것이었다는 점을 보여주는 것 등을 말한다. 이 중 어느 하나에만 해당되더라도 연구로서 가치는 충분히 지니고 있다. 사실 연구한다는 것이 어렵다고 말하는 이유는 위에서 열거한 것처럼 기존과 다른 그 어떤 것을 논리적으로 설득력 있게 제시해야 한다는 점 때문이다.

이를 위해 이 책에서도 본격적인 분석에 앞서 여기서 다루는 주제와 관련이 있고 판단되는 기존 연구들을 검토하였다. 이 책이 지니는 차별성을 보여주기 위해서는 먼저 관련된 연구들을 살펴봐야하기 때문이다. 그런데 기존 연구들을 조사해보니, 이 책에서 다루는 주제인 시민과 정부의 은유 이미지와 관련된 기존 연구 자체가 그리 많지 않았다. 그럼에도 직·간접적으로 관련이 있다고 판단되는 연구들을 검토하였는데, 이에 대해서는 크게 세 가지로 구분할 수 있다. 이 책에서 행하는 연구처럼 시민과 정부의 은유 이미지를 함께 분석한 연구, 그리고 조직의 은유 이미지에 관한 연구, 마지막으로 이미지의 의미를 총체적인 인상과 태도로 정의하면서 정부 이미지를 분석한 연구가 그것이다.

먼저, 시민과 정부의 은유 이미지를 함께 논의하는 연구로는 조지 레이코프George Lakoff, 2002의 연구를 들 수 있다.[1] 조지 레이코프George Lakoff, 2002는 가족으로서 국가 은유(nation-as-family metaphor)를 통해 시민과 정부의 관계 설정을 비유적으로 표현하고 있다. 정부에 대한 시민들의 인식은 보수주의에서는 엄격한 아버지(strict father)라는 은유 이미지로 인지하고 있고, 진보주의에서는 자애로운 부모(nurturant parent)라는 은유 이미지로 인지하고 있다. 이 두 차이는 선호하는 정책과 사용하는 언어와 설명하는 논리에 이르기까지 여러

---

1 Lakoff, George(2002). *Moral Politics: How Liberals and Conservatives Think*, Chicago: University of Chicago Press.

차이를 낳는다. 특히 진보주의와 보수주의 간의 여러 견해 차이가
그렇다. 조지 레이코프는 이에 대해 그의 또 다른 연구(Lakoff, 2012)
를 통해 신경과학적 근거로도 설명한다.[2] 이러한 연구는 정부와 시
민에 대한 두개의 프레임과 은유를 심층적으로 분석했다는 점에서
의의를 지닌다. 하지만 정부와 시민의 이미지가 이 연구에서 제시한
것(대표적으로 엄격한 아버지와 자애로운 부모)에만 국한되는 것은 아니기
때문에 더 설명 가능한 은유들은 생략 혹은 간과되어 탐색되지 않았
다는 것이 한계이다.

다음으로, 비록 정부 조직을 직접적인 대상으로 연구한 것은 아
니지만 조직의 다양한 이미지를 분석하면서 정부 조직의 이미지에도
적용할 수 있는 가레스 모건(Gareth Morgan, 2006)의 연구를 들 수 있다.[3] 그
는 조직의 이미지를 여덟 가지로 제시하고 있다. 구체적으로 보면,
조직을 기계(machines), 유기체(Organisms), 두뇌(Brains), 문화(Cultures),
정치시스템(political system), 심리적 감옥(psychic prisons), 흐름과 변환
과정(flux and transformation), 지배의 도구(instruments of domination)로
은유적으로 표현하고 있다.

첫 번째 은유 이미지인 '기계로서 조직'은 조직을 일종의 기계장
치처럼 여겨서 기계의 특성(기계적 정확성과 예측성 등)대로 운영되는
것을 말한다. 기름을 칠하면 작동되는 건조한 기계처럼 조직도 마찬
가지라는 관점이다. 이런 조직 속에서 인간은 기계의 부속물에 불과
할 수도 있다.

---

2 Lakoff, George(2012). 나익주 옮김, 『폴리티컬 마인드: 21세기 정치는 왜 이성과
  합리성으로 이해할 수 없을까?』, 한울아카데미.
3 Morgan, Gareth(2006). *Images of Organization*, Sage Publications.

두 번째 '유기체로서 조직'은 생명을 지닌 존재로서 조직을 인식하는 은유 이미지이다. 환경 속에서 적응하면서 살아가는 유기체처럼 조직도 환경에 부단히 적응하면서 살아가는 실체라는 관점이다. 조직도 주어진 환경에 적응하지 못하거나 대응하지 못하면 살아남지 못할 수 있다.

세 번째 은유 이미지인 '두뇌로서 조직'은 조직도 인간의 두뇌처럼 스스로 학습하고 배우면서 자기조직화해서 살아가고 발전해간다는 관점이다. 조직은 과거 경험이나 외부 사례 등을 통해 학습을 하면서 지식을 쌓는다. 학습능력을 지닌 학습조직은 조직 자체가 두뇌로 여겨진다.

네 번째 '문화로서 조직'은 조직을 하나의 문화적 현상으로 바라보는 은유 이미지이다. 조직 내에는 여러 문화적 현상이 자리 잡고 있고 그에 따라 인간의 행위도 영향을 받는다. 조직은 문화의 장場이기도 하고 그 자체가 문화이기도 하다.

다섯 번째 은유 이미지인 '정치시스템으로서 조직'은 조직을 다양한 이해관계들로부터 비롯되는 여러 정치적 활동이 이루어지는 곳으로 보는 관점이다. 조직은 이해관계에 따라 갈등과 협상과 권력게임이 끊이지 않는 정치시스템과 같다.

여섯 번째 '심리적 감옥으로서 조직'은 조직이 우리 스스로를 감옥과 같이 옥죄기도 하는 점을 나타낸 은유 이미지이다. 때로 조직은 사람들의 선호와 사고방식을 부지불식간에 사로잡아서 가두기도 한다.

일곱 번째 '흐름과 변환과정으로서 조직'은 조직이 변화를 추구하고 혁신을 위해 주도적인 역할을 하는 주체로서 모습을 나타내는 은유 이미지이다. 조직은 스스로를 비춰보면서 변환과 변화를 추구한다.

마지막 여덟 번째 '지배의 도구로서 조직'은 조직이 지배를 위해 교묘하게 사용되는 모습을 나타낸 은유 이미지이다. 조직이 구성원들을 이용하고 착취하는 도구가 되어 결과적으로 조직구성원들의 희생과 부당한 행위를 조장한다.[4]

이처럼 가레스 모건Gareth Morgan, 2006은 하나의 은유로만 대상을 이해하게 되면 자칫 대상을 왜곡시킬 수 있음을 말하면서 조직에 관한 여러 이미지를 함께 제시하면서 분석하고 있다. 그 외 비슷한 맥락에서 조직을 언어의 관점으로 확대해서 그 속의 은유를 통해 조직을 분석하는 수잔네 티에쯔 외Susanne Tietze, Laurie Cohen and Gill Musson, 2013의 연구도 있다.[5] 가레스 모건Gareth Morgan, 2006의 연구와 이 연구는 조직을 다양한 은유 이미지로 분석하는 도전적인 시도였다는 점과, 현실에서 볼 수 있는 조직의 다양한 모습을 이해하면서 조직들 간에 관리 방식이 다른 이유에 관한 답을 유추할 수 있는 실마리를 제공한다는 점에서 의의가 있다. 하지만 이 책의 연구와 관련해서 볼 때 직접적으로 정부 이미지에 관한 연구라기보다는 포괄적으로 일반 조직에 관한 연구였다는 점, 더욱이 시민과 정부의 관계에 기초하고 있는 연구가 아니라는 한계를 지니고 있다.[6]

---

4 김민주(2017). 『정부는 어떤 곳인가: 행정학의 이해와 활용』, 대영문화사, pp.106~109.
5 Tietze, Susanne, Laurie Cohen and Gill Musson(2013). 신병현 옮김, 『언어와 조직이해』, 커뮤니케이션북스.
6 그럼에도 불구하고 개인적으로 이 책은 가레스 모건(Gareth Morgan, 2006)의 연구에서 많은 아이디어를 얻었다. 그래서 이 책에서 다루는 주제 이외의 대상에 대한 이

기존 연구의 세 번째 부류는, 시민과 정부의 '은유' 이미지는 아니지만 정부에 대해 일반인들의 총체적인 인상과 태도를 분석한 연구들이다. 이 연구들에서는 대상에 대한 총체적인 인상이나 태도를 '이미지'로 규정하고 있다. 신호창·조삼섭·김찬아(2008)는 교육인적자원부를 대상으로 일반국민들이 정부기관에 대해 지니고 있는 이미지를 측정하고 있다.[7] 설문조사를 통해 분석하고 있는 이 연구는 이미지 측정모델의 구성 요인을 제시하고 있는데, 그것은 경영리더십, 정책신뢰성, 공정성, 정책공개성이다. 이 연구는 경험적 근거에 의해 정부기관에 대한 국민들의 태도와 인상을 이해하는데 도움이 된다. 하지만 이미지를 태도와 인상에 기초해서 연구하고 있기 때문에 특정特定할 수 있는 상을 제시하고 있지는 않다. 그래서 의미 단위의 어구(경영리더십, 정책신뢰성, 공정성, 정책공개성)로 제시되고 있다. 이 점은 사람들이 정부의 이미지를 가시적으로 구현해서 인식하고 있는 모습을 이해하는 데는 한계를 준다. 다시 말해, 개리 데이비스와 로사 춘Gary Davies and Rosa Chun, 2002의 주장처럼 어떤 대상에 대해 의인적으로 표현하는 것이 사람들의 생각이나 느낌 등 인지적 정보를 가장 효과적으로 전해주는 방법인데,[8] 이 연구는 찾아낸 이미지가 그러한 상을 제시해주지는 않고 있다. 같은 맥락의 연구로 박흥식·최승범(2009)의 연구도 정부기관의 브랜드 이미지에 관해 측정을 시도하고

미지 등을 연구하려는 사람이 있다면 가레스 모건의 연구를 꼭 참고하기 바란다.
7 신호창·조삼섭·김찬아(2008). 정부기관의 이미지 구성 요소 및 측정 척도 개발을 위한 실증 연구, 『한국광고홍보학보』, 10(1): 268~291.
8 Davies, Gary and Rosa Chun(2002). Gaps between the internal and external perceptions of the corporate brand, *Corporate Reputation Review*, 5(2): 144~158.

있으나 역시 의미 단위의 서술적 어구나 표현(신뢰할 만하다, 성취 지
향적이다 등)을 찾는데 초점을 두고 있다.[9] 이 외에도 박흥식(2005), 박
석희·양혜원(2009), 김정헌(2013) 등의 연구가 있다.[10] 그리고 정부기관
에 한정된 이미지가 아닌 한국의 국가이미지에 관한 연구들도 이와 유
사한 경향의 이미지로 측정되고 있다. 관련 연구들에는 이장로·이춘수
·양소영(2009), 임정우·이교은·하동현(2013), 하수경·신철호(2011) 등
이 있다.[11] 이 연구들은 국가이미지의 영향요인 및 다른 대상과의 영향
관계 등에 분석의 초점을 두고 있다. 정부 이미지와 관련된 기존 연구
들에는 이와 같이 정부기관의 이미지를 의미단위의 어구로 표현하는
연구나 국가이미지로 분석하는 부류의 연구가 대다수를 차지한다.

---

9 박흥식·최승범(2009). 정부기관 브랜드 이미지와 정체성 간의 갭 및 고객 만족도와
  의 관계, 『한국거버넌스학회보』, 16(3): 161~185.
10 박흥식(2005). 지방정부 정체성 마크의 이미지 요인, 『한국지방자치학회보』, 17(1):
  131~149; 박석희·양혜원(2009). 정부부처의 조직이미지 측정과 영향요인 분석:
  산림청의 조직이미지 분석을 중심으로, 『한국행정연구』, 18(1): 35~63; 김정헌
  (2013). 행정기관의 이미지 평가와 관리 전략, 『지방정부연구』, 17(2): 233~257.
11 이장로·이춘수·양소영(2009). 한국의 국가이미지 영향요인에 관한 탐색적 실증연
  구, 『대한경영학회지』, 22(3): 1583~1601; 임정우·이교은·하동현(2013). 한국의
  국가이미지, 관광지 인지적 및 정서적 이미지, 의료 관광 이미지 간의 관계, 『관광
  연구』, 28(3): 231~250; 하수경·신철호(2011). 국가 이미지가 제품 구매태도에 미
  치는 영향, 『국제경영리뷰』, 15(1): 147~170.

2. 새로운 시도

이처럼 세 부류의 기존 연구들과 비교할 때 이 책에서 다루는 연구가 지니는 차별성은 다음과 같다. 첫째, 이 책은 기존 연구들[12] 과는 달리 서로 간 행위의 대응성 실천 관계에 놓여 있는 시민과 정부 이미지를 함께 분석한다. 즉, 정부가 어떤 이미지로 표상화되어 있는지, 동시에 시민은 어떤 이미지로 표상화되어 있는지를 분석함으로써 현실 정책의 이해와 차이까지 낳는 두 주체의 이미지를 함께 분석한다. 시민과 정부 이미지를 동시에 분석한 기존 연구는 없다는 점에서 이 둘에 대한 분석을 시도하는 것은 이 책에서 다루는 연구가 지닌 첫 번째 차별점이다.

---

12 신호창·조삼섭·김찬아(2008). 정부기관의 이미지 구성 요소 및 측정 척도 개발을 위한 실증 연구, 『한국광고홍보학보』, 10(1): 268~291; 박흥식·최승범(2009). 정부기관 브랜드 이미지와 정체성 간의 갭 및 고객 만족도와의 관계, 『한국거버넌스학회보』, 16(3): 161~185; 박흥식(2005). 지방정부 정체성 마크의 이미지 요인, 『한국지방자치학회보』, 17(1): 131~149; 박석희·양혜원(2009). 정부부처의 조직이미지 측정과 영향요인 분석: 산림청의 조직이미지 분석을 중심으로, 『한국행정연구』, 18(1): 35~63; 김정헌(2013). 행정기관의 이미지 평가와 관리 전략, 『지방정부연구』, 17(2): 233~257; 이장로·이춘수·양소영(2009). 한국의 국가이미지 영향요인에 관한 탐색적 실증연구, 『대한경영학회지』, 22(3): 1583~1601; 임정우·이교은·하동현(2013). 한국의 국가이미지, 관광지 인지적 및 정서적 이미지, 의료 관광 이미지 간의 관계, 『관광연구』, 28(3): 231~250; 하수경·신철호(2011). 국가 이미지가 제품 구매태도에 미치는 영향, 『국제경영리뷰』, 15(1): 147~170.

 둘째, 이 책은 기존 연구들[13]에서 규정한 이미지의 의미인 인상과 태도 등에 기초해서 정부 이미지를 분석하는 것이 아니라, 실제 사람들이 인지적 이해를 높이기 위해 사용하는 의인적 표현으로 나타나는 상(像)을 분석함으로써 정부의 '은유' 이미지를 분석한다. 사람들이 은유로서 구성하고 있는 정부의 이미지를 분석한다는 점에서 기존 연구들과 차별화되는 것이다. 즉, 정부를 대상으로 은유 이미지를 분석한 기존 연구는 매우 드물다는 그 자체가 이 책에서 다루는 연구의 차별점이다. 마찬가지로 기존 연구에서는 다루지 않았던 시민에 대한 이미지도 은유 이미지로 분석한다는 점에서 본 연구만의 차별성이 존재한다.

 셋째, 이 책의 연구는 기존 연구[14]와는 달리 정부의 특정 은유 이미지에 한정된 분석이 아니라, 사람들이 인지하고 있는 정부에 대한 여러 은유 이미지를 분석한다는 차별점도 지니고 있다. 정부에 대한 여러 은유 이미지를 탐색하면 정부에 대한 이해를 더 높일 수

---

13 신호창·조삼섭·김찬아(2008). 정부기관의 이미지 구성 요소 및 측정 척도 개발을 위한 실증 연구, 『한국광고홍보학보』, 10(1): 268~291; 박흥식·최승범(2009). 정부기관 브랜드 이미지와 정체성 간의 갭 및 고객 만족도와의 관계, 『한국거버넌스학회보』, 16(3): 161~185; 박흥식(2005). 지방정부 정체성 마크의 이미지 요인, 『한국지방자치학회보』, 17(1): 131~149; 박석희·양혜원(2009). 정부부처의 조직이미지 측정과 영향요인 분석: 산림청의 조직이미지 분석을 중심으로, 『한국행정연구』, 18(1): 35~63; 김정헌(2013). 행정기관의 이미지 평가와 관리 전략, 『지방정부연구』, 17(2): 233~257; 이장로·이춘수·양소영(2009). 한국의 국가이미지 영향요인에 관한 탐색적 실증연구, 『대한경영학회지』, 22(3): 1583~1601; 임정우·이교은·하동현(2013). 한국의 국가이미지, 관광지 인지적 및 정서적 이미지, 의료 관광 이미지 간의 관계, 『관광연구』, 28(3): 231~250; 하수경·신철호(2011). 국가 이미지가 제품 구매태도에 미치는 영향, 『국제경영리뷰』, 15(1): 147~170.

14 Lakoff, George(2002). *Moral Politics: How Liberals and Conservatives Think*, Chicago: University of Chicago Press.

있다. 기존 연구에서는 은유 이미지에 관한 연구 자체가 적기도 하였지만, 특정한 은유 이미지에 초점을 두고 분석한다. 대상에 대해 관련된 여러 은유를 알게 되면 단독의 은유법이 갖는 단점을 극복하면서, 대상을 보다 다각적으로 이해할 수 있게 된다. 이는 기존 연구에는 없었던 시민에 대한 은유 이미지도 여러 개로 분석해서 제시한다는 점에서 역시 이 책에서 다루는 연구의 차별성을 찾을 수 있다.

이와 같이 크게 세 가지 차원에서 이 책은 새로운 시도로서 새로운 정보를 제공해준다. 그러나 기존의 시도들이 이 책의 밑거름이 된다는 점은 부정할 수 없는 사실이다. 그리고 이 책 역시 이론이나 법칙의 반증주의(falsificationism)적 접근처럼 후속되는 시도(연구)들에 대해서는 언제나 열려있다. 그런 점에서 비록 거창하게 새로운 시도라고는 했으나, 모든 것을 다 설명하려고 하다가 아무것도 설명하지 못하게 되는 오류는 범하지 않으려 한다.

제 4 장

시민과 정부의 13가지 이론적 얼굴

제 4 장

시민과 정부의 13가지 이론적 얼굴

시민과 정부는 어떤 얼굴 즉, 어떤 은유 이미지로 존재하고 있을까? 이 책에서는 기존 연구들과의 차별성을 위해 시민과 정부 관계를 나타내는 기존의 다양한 이론적 배경에 기초해서 시민과 정부의 은유 이미지를 각각 13가지로 도출하였다. 그래서 시민과 정부 각각의 은유 이미지 수로 따지면 총 26가지가 된다.

그런데, 시민과 정부 이미지가 각 대상별로 그려지기도 하지만, 많은 경우 시민과 정부 간 관계에 바탕을 두고 각각의 상이 그려지는 경우가 많다. 어떤 대상이 서로 긴밀한 관계에 있다면 그 관계에서 비롯되는 이미지가 둘의 이미지를 보다 더 잘 나타낸다. 두 대상을 함께 논의 한다면 더욱 그렇다. 특히 연구자나 연구대상자가 이미지를 떠올리는데 보다 더 수월한 것도 '관계' 기반의 이미지 표현이다. 그래서 이 책에서는 "시민과 정부 관계에서 '시민'은 어떤 이미지인가", "시민과 정부 관계에서 '정부'는 어떤 이미지인가"에 초점을 두고 각각의 은유 이미지를 도출하였다.[1] 총 26가지의 은유 이미지이긴 해도 사실 시민과 정부의 대응관계를 고려하면 13가지가 된다.

시민과 정부 간 관계 기반의 이미지를 살펴본다는 것을 조금 더 구체적으로 설명하면, 시민과 정부 간 이미지를 '대응관계'로 살펴본다는 것이다. 다시 말해, 시민과 정부의 관계에서 비롯되는 이미지란 시민과 정부가 각각 대응해서 가질 수 있는 이미지에 기초하고 있다는 것을 의미한다. 시민과 정부 간 관계에서 비롯되는 각각의 13가지 이미지가 각 이미지별 경우의 수를 모두 가질 수 있다고 여기는 것이 아니라, 대응되는 두 이미지로 구분된다는 것이다. 이는 [표 1]을 보면 쉽게 이해된다. 물론 반드시 대응관계로만 이미지가 그려지는 것은 아니다. 다만, 이 책에서는 대응관계에 초점을 두고 있다.

그런 점에서 다음에서는 시민과 정부의 이미지가 서로 대응해서 그려지는 구조로 논의가 진행된다. 대응되는 시민과 정부의 이미지는 기존의 여러 이론들에 기초하고 있다. 사실, 대응되는 시민과 정부 이미지를 뒷받침 해주는 이론적 논의는 서로 유사한 경우가 많다. 따라서 시민과 정부 간 대응 이미지 끼리 묶어서 이론적 내용을 함께 살펴본다. [표 1]은 시민과 정부의 은유 이미지 13가지를 정리한 것이다.

---

1 반드시 관계 기반의 이미지만을 고집해서 시민과 정부의 이미지를 분석할 필요는 없다. 그런 점에서 후속 연구에서 시민과 정부의 관계 기반 이외의 개별 이미지를 분석하는 것도 흥미로운 주제가 될 수 있을 것이다.

[표 1] 시민과 정부의 은유 이미지

시민에 대한 은유 이미지	정부에 대한 은유 이미지
① 시민과 정부 관계에서 시민은 주인이다.	① 시민과 정부 관계에서 정부는 대리인이다.
② 시민과 정부 관계에서 시민은 고객이다.	② 시민과 정부 관계에서 정부는 기업이다.
③ 시민과 정부 관계에서 시민은 협력자이다.	③ 시민과 정부 관계에서 정부는 협력자이다.
④ 시민과 정부 관계에서 시민은 고용주이다.	④ 시민과 정부 관계에서 정부는 피고용인이다.
⑤ 시민과 정부 관계에서 시민은 피고용인이다.	⑤ 시민과 정부 관계에서 정부는 고용주이다.
⑥ 시민과 정부 관계에서 시민은 피규제자이다.	⑥ 시민과 정부 관계에서 정부는 규제자이다.
⑦ 시민과 정부 관계에서 시민은 감시자이다.	⑦ 시민과 정부 관계에서 정부는 피감시자이다.
⑧ 시민과 정부 관계에서 시민은 피감시자이다.	⑧ 시민과 정부 관계에서 정부는 감시자이다.
⑨ 시민과 정부 관계에서 시민은 순응자이다.	⑨ 시민과 정부 관계에서 정부는 권위자이다.
⑩ 시민과 정부 관계에서 시민은 권위자이다.	⑩ 시민과 정부 관계에서 정부는 순응자이다.
⑪ 시민과 정부 관계에서 시민은 추종자이다.	⑪ 시민과 정부 관계에서 정부는 지도자이다.
⑫ 시민과 정부 관계에서 시민은 지도자이다.	⑫ 시민과 정부 관계에서 정부는 추종자이다.
⑬ 시민과 정부 관계에서 시민은 피보호자이다.	⑬ 시민과 정부 관계에서 정부는 보호자이다.

1. 주인으로서 시민과 대리인으로서 정부

첫 번째 이미지는 시민은 주인이고 정부는 대리인이라는 은유 이미지이다. 이 이미지는 주인-대리인 이론(Principal-Agent Theory) 을 통해 널리 알려진 이미지이다. 주인-대리인 이론은 조직에 대한 경제학적 접근법 중 하나로 모어Moe, 1984에 의해 공공조직에도 적용 되었다.[2] 주인-대리인 이론의 핵심적인 내용은, 어떤 일이나 문제 에 대해 직접 해결하지 않고 보다 전문적이고 더 잘 할 수 있는 대 리인에게 그 문제나 일을 위임(delegation)해서 해결한다는 것이다. 이때 주인과 대리인 사이에는 계약이 맺어지게 되고 그 계약은 경제 적 인센티브에 의해 성립된다. 이런 관계 성립은 사회가 불확실하고 복잡할수록 더 많이 이루어진다. 전문성 혹은 정보를 많이 가지지 못한 주인이 직접 해결하기 어려운 문제가 더 많아지고, 그 문제의 복잡성 정도도 더 높아지기 때문에 대리인을 찾을 수밖에 없는 것이 다.

그러다 보니 이 둘 사이에는 항상 정보 비대칭(information asymmetry) 이 존재한다. 그 문제 해결과 관련한 전문지식을 비롯한 더 많은 정보

---

2 Moe, Terry M.(1984). The New Economics of Organization, *American Journal of Political Science*, 28(4): 739~777.

를 가지고 있는 사람이 대리인인 반면 주인은 그렇지 못하다. 그래서 이 둘 사이에는 대리인이 주인을 속일 수 있는 기회가 항상 존재하기 마련인데, 실제 속이게 되면 이를 도덕적 해이(moral hazard)라고 부른다. 그러다 보니 주인은 대리인의 도덕적 해이를 항상 염려하는 처지에 있다. 때로는 여러 장치(모니터링, 스크리닝 도구, 또 다른 대리인 고용 등)를 두면서 도덕적 해이를 막으려고 하나 쉽지는 않다.

주인－대리인 이론에 기초한 사례는 비단 공공조직에 한정되지 않더라도 이미 우리 일상에서 쉽게 볼 수 있다. 법률 지식이 없거나 부족해서 변호사에게 일을 맡기고, 부동산 지식이 없어서 공인중개사에게 일을 맡기고, 인테리어 지식이 없어서 인테리어 전문가에게 거실 디자인을 맡긴다. 요즘에는 소위 말하는 심부름 서비스까지 등장해서 내가 직접 살 때 보다 더 좋은 물건을 더 싸게 사서 대신 구입해 주는 경우도 있다. 이처럼 현대 사회에서는 전문성 기반의 많은 일들을 대리인이 대신 해주는 경우가 상당히 많다. 어찌 보면 대리인의 사회라고 불릴 정도다. 대신, 이를 위해서 주인인 나는 대리인을 고용할 수 있는 자원이 필요하다. 이처럼 주인－대리인 이론에 따르면 돈과 같은 경제적 인센티브를 통해 주인인 나는 전문성을 지닌 대리인과 계약을 통해 문제를 해결하게 된다.

시민들이 공직수행의 전문성을 지닌 정부 관료들에게 일을 맡기는 것도 그와 같다는 것이 주인으로서 시민과 대리인으로서 정부 이미지다. 이는 사회계약론에 근거해서 주인으로서 시민과 대리인으로서 정부 사이에 계약에 의해 이루어지면서 형성되었다. 주인－대리인 이론에서는 당사자들 간의 관계가 이처럼 계약으로 비유되어 설명되기 때문에 항상 위임한 자와 위임 받은 자가 존재하게 되고 이 두 관계가 시민과 정부가 된다.[3] 대의민주주의 사회에서 이 관계는 시민들의 대표로서 의회와 국정관리 주체인 행정부 간의 관계로 묘사되어, 의회의 국정평가활동을 통해 지속적으로 주인과 대리인의 존재를 보여주고 있다.[4] 그 주인이 바로 시민이고 대리인이 정부가 된다. 시민의 일을 정부가 맡아 대신 해주기에 그 결과를 확인하고 평가하는 것이다. 시민과 국민 간 세밀한 의미 차이가 있긴 하지만, 우리가 흔히 하거나 듣는 말로 '나라의 주인은 국민이고 정부(관료)는 일꾼이다', '주인인 국민을 섬기는 정부가 되겠다', '정부는 국민의 뜻을 받들어서 일 하겠다' 등의 말도 이 이미지에 기초한 것이다.

---

3 Oviatt, Benjamin M.(1988). Agency and Transaction Cost Perspectives on the Manager—Shareholder Relationship: Incentives for Congruent Interests, *Academy of Management Review*, 13(2): 214~225.

4 박병식·이준호(2005). 국회의 국정평가기능 제고를 위한 국회예산정책처의 역할 정립방안, 『한국사회와 행정연구』, 15(4): 203~225.

2. 고객으로서 시민과 기업으로서 정부

두 번째 이미지는 시민은 고객이고 정부는 기업이라는 이미지이다. 이 이미지는 1980년대 이후 추진된 정부개혁에서 하나의 패러다임으로 부상한 신관리주의(New Managerialism), 신공공관리론(New Public Management), 정부재창조이론(reinventing government theory), 기업가적 정부(entrepreneurial government), 고객지향적 정부(customer-oriented government) 등에 의해 영향을 받았다. 이 이론들은 공공관리 영역에서도 민간 기업처럼 고객의 가치와 선택을 중시하는 관리기법들을 적용할 것을 주장하고 있다. 특히 미국 클린턴 정부의 행정개혁에서 크게 부각되었는데, 당시 클린턴 행정부는 '정부의 기업화', '기업화된 정부', '시장지향 정부', '기업가적 정부' 등을 강조하면서 '국민을 제1의 고객(Putting Customers First)'으로 여겼다. 이는 1990년대에 글로벌 패러다임(global paradigm)으로 받아들여지면서 여러 나라의 정부개혁에 영향을 미쳤다.[5] 그 결과 시민을 바라보는 이미지와 정부의 이미지는 고객과

---

5 김번웅(2003). 신공공관리론과 기업형 거버넌스의 한계, 『사회과학연구』, 9: 1~29; Hood, Christopher(1994). Economic Rationalism in Public Management: From Progressive Public Administration to New Public Management?, In Christopher Hood (Ed), *Explaining Economic Policy Reversals*, Buckingham: Open University Press; Osborne, David and Ted Gaebler(1992). *Reinventing Government: How the*

기업으로 여겨졌다.

정부가 시장메커니즘에 기초한 기업경영의 기법 등을 도입해서 마치 기업처럼 정부조직 관리를 하려고 했던 이유는 정부의 비효율성 때문이었다. 특히 재정적자가 심해지면서 이를 극복할 수 있는 한 방법으로 제시된 것이 기업의 경영관리를 벤치마킹하는 것이었다. 정부조직은 공익을 추구하기 때문에 어쩔 수 없이 적자나 비효율 혹은 낭비로 여겨지는 자원 사용이 이루어지는데, 그 정도가 정부 운영의 존폐를 가를 정도가 되다 보니 개혁 혹은 혁신의 일환으로 기업의 관리방식에 눈을 돌린 것이다. 물론 과거에도 정부와 기업 간 조직관리 기법의 상호 벤치마킹은 있어 왔다. 하지만 1980년대는 그 수준을 넘어서 정부가 적극적으로 기업의 경영방식을 도입할 수밖에 없을 만큼 위급한 재정적자가 초래된 시대였다. 또 당시에는 경제사상적으로도 고전적 자유주의와 신자유주의 및 질서자유주의에 이르기까지 시민과 정부 간 고객-기업 이미지 구성에 많은 기여를 하였다. 실제로 정부는 마치 기업이 고객을 대하듯이 시민을 고객으로 대할 수 있는 여러 방법과 전략 등을 고민해서 적용하기도 하였다.[6]

약 10여 년 전부터 우리나라의 지방자치단체들에서도 고객만족 일환으로 CS(customer satisfaction) 교육을 하고 그 결과를 평가하기 시작한 것도 이 이미지와 부합된다. 시민들도 기업의 고객처럼

Entrepreneurial Spirit is Transforming the Public Sector, New. York: Addison-Wesley.

6 Osborne, David and Peter Plastrick(1998). 최창현 옮김, 『정부개혁의 5가지 전략』, 삼성경제연구소, pp.219~276.

정부로부터 제공되는 서비스에 대해 만족을 느끼는 것이 중요하다고 여겨져서 그에 대해 교육과 평가를 하게 된 것이다. 중앙정부와 산하 공공기관 등에서 성과평가, 고객만족, 만족경영 등을 강조하는 것도 모두 여기에 부합되는 사례들이다.

3. 협력자로서 시민과 정부

세 번째 이미지는 시민과 정부가 서로 협력자로서 존재한다는 이미지이다. 협력이란 용어에는 쌍방향 소통(two-way communication), 참여자 간 상호 영향, 상호발언 기회 등의 의미가 함축되어 있다.[7] 즉, 공공서비스 생산이나 국정관리가 정부 단독으로 이루어지는 것이 아니라 시민과 정부가 서로 협력함으로써 수행된다는 것이다. 협력은 수평을 전제하기 때문에 수직적 권위 기반의 관계를 의미하는 것이 아니다. 이 이미지는 여러 이론들에 기초하고 있는데, 뉴거버넌스(new governance)이론, 협력적 거버넌스(collaborative governance) 이론, 협력생산(coproduction) 이론, 신공공서비스론(new public service) 등이 그에 해당된다.

여기서 뉴거버넌스 이론에서 말하는 뉴거버넌스는 '통치'라는 종래의 거버넌스 개념에서 더 발전되고 확대된 것으로 시민의 참여, 파트너십, 네트워크를 강조한다. 주로 시민사회의 성장에 따라 정부의 기본 형태가 변환되는데 중점을 두고 있는 개념이다.[8] 그 변환은

7 조철주·장명준(2011). 공공정책의 갈등 해소를 위한 협력적 거버넌스 모형 연구, 『도시행정학보』, 24(2): 23~47.
8 Salamon, L. M.(2002). *The Tools of Government: A Guide to the New*

시민의 참여와 협력이다. 그리고 협력적 거버넌스는 비정부 영역의 관련자들이 정부영역의 구성원들과 함께 숙의하고 합의하여 정책을 만들고 기획하는 형태로 일종의 협력적 조직체계를 말한다.[9] 시민과 정부가 상호협력에 기반하여 활동을 만들어간다는 것이다. 이와 더불어 협력생산이라는 개념도 정부의 서비스 생산 활동에 시민이 공동으로 참여하는 것을 핵심내용으로 담고 있다. 정부만이 담당할 수 있는 일이 있기는 하지만 시민이 공동으로 참여할 수 있는 부분에 대해서는 시민의 참여를 중시하는 것이다. 실제로 협력생산을 함으로써 현대사회에서 증가하는 서비스에 대한 요구와 제한된 예산을 보다 효율적으로 사용할 수 있는 방법을 찾기도 한다.[10] 신공공서비스론도 정부의 정책과정에서 시민들의 참여를 통한 아이디어 모색과 방안 마련을 강조한다. 그래서 정부의 역할로서 기업가적 정신을 발휘하는 것이 중요한 것이 아니라 시민참여의식을 높이는 것이 더 중요하다고 강조한다.[11] 비교적 최근의 이러한 이론들은 공공문제 해결이 정부 단독이 아닌 시민의 참여로 이루어지는 것이 더 바람직하고 또 효율적이고 효과적이라고 강조하고 있다. 시민과 정부가 일종의 협력자로서 관계를 맺고 있음을 보여주는 이론들이다.

시민참여를 핵심으로 하는 이 이론들은 실제 국정운영에서도 제도적 장치로 등장하고 있다. 주민참여에 따른 예산 결정과 문제 해

Governance, Oxford University Press.

9 Ansell, C. and A. Gash. Collaborative governance in theory and practice, *Journal of Public Administration Research and Theory*, 18: 543~571.

10 Brudney, Jeffrey L. and Robert E. England(1983). Toward a Definition of the Coproduction Concept, *Public Administration Review*, 43(1): 59~65.

11 Denhardt, Janet V. and Robert B. Denhartdt(2003). *The New Public Service: Serving, not Steering*, N.Y.: M.E. Sharpe.

결, 시민이 포함된 정부정책 결정(혹은 집행 및 평가)을 위한 위원회 구성, 단순한 여론 조사 결과를 참고하거나 반영하는 데서 끝나는 것이 아니라 공론 조사를 실시하며 숙의 끝에 나온 실질적인 시민들의 의견을 반영하는 것, 그리고 기타 정부정책과 관련한 공청회와 설명회 개최 등이 그 예다. 과거에는 이러한 것들이 일종의 형식적 장치로서 존재한 경우가 많았는데 최근에는 보다 실질적인 시민참여의 질을 높이고자 각국 정부에서도 많은 노력을 하고 있다. 특히 중대하고 중요한 문제 해결의 경우에는 정부가 시민의 목소리를 단순히 듣거나 반영하는 데서 나아가 시민 그 자체를 문제 해결의 한 파트너로 인식하고 함께 해결하려는 협력자로 대하는 사례가 많아지고 있다. 여기에 기초한 은유 이미지가 시민과 정부가 상호 협력자라는 이미지다.

4. 고용주로서 시민과 피고용인으로서 정부

네 번째 이미지는 시민은 고용주이고 정부는 피고용인이라는 이 미지이다. 이 이미지는 과거 아테네와 로마 그리고 르네상스 시기의 도시국가들에서부터 찾을 수 있다. 당시 운영된 도시국가는 시민들 의 권리를 보장하고 북돋아 주기 위해 시민들에 의해 구성된 하나의 질서체제였다. 여기에는 시민을 위해 고용된 사람들이 도시질서 운 영의 담당자로 존재하고 있었다. 시민은 질서를 구성한 주체이기 때 문에 도시국가 운영에 대해 자신들의 의견을 주장하고 권리를 요구 하는 주권행사자였다.[12] 주권행사자로서 시민은 당연하고 정당한 목 소리로 도시질서 운영의 담당자를 대할 수 있는 위치에 있는 존재였 다.

시민이 정치적인 권위체로서 정부구성의 주체가 되어 정부에 대 한 고용주로 위치하고 있는 모습은 18세기 후반 행정학 발달 초기 의 제퍼슨주의(Jeffersonianism) 모델에서도 보여 진다. 제퍼슨주의 모 델은 해밀턴주의 모델과 달리 정치적인 권위체가 시민이고 정부에 대해 상향식 책임성을 강조한다.[13] 이후에도 시민들의 의지로 표현

---

12 Kymlicka, Will(2001). *Contemporary Political Philosophy: An Introduction*, second edition, Oxford University Press, pp.284~320.

13 Kettl, Donald F.(2000). Public Administration at the Millennium: The State of

되는(expression of the will) 정치와 그것을 실행하는(execution of the will) 행정으로 구분을 시도하는 과정에서도, 정부는 시민들의 의지를 '모으거나 의지 그 자체'이기보다는 시민들의 의지를 '실현'하기 위해 고용한 사람들로 이루어진 집단체제로 여겨졌다.[14] 그래서 정부운영의 방향에는 주체적 존재로서 시민의 의사가 중요했고 때로는 결정적인 영향을 미쳤다. 이는 과거 16세기 이전이나 오늘날에도 여전히 피고용인으로서 정부 운영자가 고용주로서 시민의 동원(mobilization of population)을 중요하게 여기고 있는 이유이다.[15]

　　보다 직접적인 현실 상황에서 볼 때, 납세활동이 매개가 되어 시민인 고용주가 피고용인인 정부조직 구성원들에게 임금을 지불하는 모습은 주인으로서 시민이 자신들을 대신해서 일을 해주는 대리인인 정부 구성원을 고용한 결과라고도 볼 수 있다. 단적으로 예를 들면, 시민들의 납세에 의해 운영되는 지방자치단체가 무리한 투자나 재정적자 등으로 파산되면 공무원들은 실업자가 된다. 지방자치단체 파산의 대표적인 사례인 일본 유바리시를 보더라도 그렇고, 우리나라도 지방자치단체와 특정 공공기관의 경우 재원문제로 공무원들에게 월급(수당)을 제때 주지 못할 정도에 이르렀다는 뉴스가 보도되기도 했다. 시민들의 납세에 기초해서 운영되는 정부를 직장 개념으로 보거나 공무원을 직업의 개념으로 본다면 보다 분명해지는 이

　　　　the Field, *Journal of Public Administration Research and Theory*, 10(1), pp.17~18.

14　Shafritz, Jay M. and Albert C. Hyde(2008). *Classics of Public Administration*, The Dorsey Press, pp.1~3.

15　Tilly, Charles(1975). "Reflections on the History of European State—Making" in Charles Tilly (ed.), *The Formation of National States in Western Europe*, Princeton University Press, pp.31~34.

미지다. 이와 같이 주권을 지닌 시민은 고용주가 되고 그들이 고용한 정부는 피고용인으로서 이미지를 가지고 있다.

주민센터에서 근무했던 한 친구가 이런 말을 한 적이 있다. 당시 갓 공무원이 되어 주민센터에서 근무하고 있었는데 아무런 이유도 없이 다소 무리하게 민원을 제기하는 한 민원인이 있었다고 한다. 그 민원인은 목소리를 높여서 주민센터를 종종 곤란에 빠뜨리기도 했는데, 그때마다 항상 하는 말이 '야! 내가 너희들한테 월급 주는 사람이야. 내말을 들어야지, 응!'이었다고 했다. 다소 엉뚱한 예라고도 볼 수 있겠지만 이 민원인의 관념 속에는 고용주로서 시민과 피고용인으로서 정부의 이미지가 각인되어 있는 것이다.

5. 피고용인으로서 시민과 고용주로서 정부

다섯 번째 이미지는 네 번째 이미지와 반대다. 정부가 고용주이
고 시민이 피고용인의 이미지이다. 이 역시 직업으로서 공무원 혹은
직장으로서 정부를 바라보는 이미지이다. 그러나 주主와 객客은 서로
반대다. 이 이미지는 공직의 전문직업적 성격이 확립되면서 크게 영
향을 미쳤다. 특히 19세기 후반 미국의 실적주의가 확립되는 결정적
인 계기가 된 펜들턴법(Pendleton Act)은 공개경쟁채용 시험을 통해
고용되는 전문직업인으로서 정부 관료를 상정하였다. 시민이 관료
조직에 고용되기 위해서는 그에 합당한 자격이 요구되었고 그 사람
만이 고용주인 정부에 의해 고용될 수 있게 되었다. 이에 부응하기
위해 20세기 초에는 자격을 갖춘 행정인 양성을 위한 교육훈련 기
관도 생겼다.[16] 따라서 공직에 임용된 시민은 관리의 대상이 되고,
정부는 이들을 관리하면서 평가를 하는 주체가 되었다.

사실 20세기 초·중반의 행정조직관리이론들(과학적 관리론, 행정원
리론, 인간관계론 등)은 공직에 임용된 시민들의 효율성과 생산성을 높
이는데 초점을 두고 있다. 고용주와 피고용인의 관계가 그 전제인

---

16 김태룡(2010). 『행정이론』, 대영문화사.

것이다. 오늘날 행정의 전문화라는 것도 행정 전문가들이 정부조직
에 고용되어서 전문기술을 통해 행정업무를 담당하는 현상으로 이해
되고 있다.[17] 물론 그 이전에도 이러한 관계 설정이 있었다. 즉, 시
민이 정부에 고용된다는 생각은 고대의 관료 사상에서도 발견되기도
하는데, 실제로 당시 시민이 관료가 되는 것은 정부기관에서 업무를
관리하기 위한 전문 직업집단의 구성원이 되는 것으로 인식되었
다.[18] 이처럼 피고용인으로서 시민 이미지와 고용주로서 정부 이미
지는 행정관리의 발달과정에서 행정의 전문 관리기술이 강조되고 그
에 따라 인사행정 시스템이 구성되는 과정에서 주로 형성되었다.

　이론적 논의 이외에도 오늘날 현실에서도 정부가 고용주이고 시
민이 피고용인으로서 이미지화되어 있는 모습을 자주 볼 수 있다.
예를 들어 인구보건협회가 전국 20~50대 기혼남녀 1,335명을 대상
으로 '2016년도 제1차 저출산 인식 설문조사'를 진행한 결과, 자녀
가 가졌으면 하는 '직업'으로 응답자 37.2%가 공무원을 선택하여 가
장 높은 선호를 보인 것으로 나타났다.[19] 직업으로서 공무원과 직장
으로서 정부기관을 선호하는 현상은 이 조사 이외에도 상당히 많
다.[20] 이상적인 배우자 직업으로도 공무원을 1위로 꼽을 정도이다.[21]

17 Mosher, Frederick C.(1982). *Democracy and the Public Service*, second edition, Oxford University Press.
18 Chandler, Ralph Clark(1984). The Public Administration as Representative Citizen: A New Role for the New Century, *Public Administration Review*, 44(special issue): 196~206.
19 인구보건협회(2016). "우리나라 부모 3명 중 1명―자녀가 공무원이 되기를 바래", 인구보건협회 보도자료.
20 통계청·여성가족부(2014). 『2014 청소년통계』, 통계청·여성가족부.
21 서울신문(2015). "최고의 신랑·신붓감 1위 '공무원·공사'", 2015년 12월 29일자 기사.

이제는 공무원이라는 직업과 정부기관이라는 직장을 많은 사람들이 선호하고 있다는 사실이 더 이상 새롭거나 놀라운 일이 아니다. 이런 조사의 응답자들의 기본 인식은 한 시민이자 피고용인으로서 나 혹은 내 자식이 정부에 의해 고용되었으면 하는 마음이다. 그리고 2015년 공무원연금개혁을 놓고 다양한 안이 논의될 때 당시 개혁안 작업에 참여한 한 행정학과 교수는 '정부가 마땅히 해야 할 일은 국민의 세금을 바탕으로 재정을 운영하는 것도 있고 공무원들에 대한 고용주로서의 책임도 있다'라고 하였다[22]. 그리고 당시 한 국회의원도 '고용주로서 정부와 공무원단체가 실질적으로 내야할 돈과 받으려는 금액사이에서 타협이 이뤄져야 한다'라고 하였다.[23] 이처럼 시민은 정부라는 고용주에게 고용되는 피고용인으로서 이미지가 현실 속에서 형성되어 있다.

개인적으로 행정학을 가르치는 교수로서 입시면접을 볼 때면 이런 인식을 지닌 현실을 직접적으로 경험한다. 특히 내가 근무하는 동양대학교는 학교의 부속기관 중 하나인 공무원사관학교가 꽤 유명하다.[24] 많은 성과를 내는 곳이기 때문에 예비입학생들에게도 널리 알려져 있다. 행정학 전공을 포함하고 있는 공공인재학부에 소속되어 있는 나는 입시면접 때 학생들에게 지원동기를 묻곤 하는데, 많은 학생들이 공무원이 되고 싶어서 지원하게 되었다고 답을 한다.

---

22 아시아투데이(2015). "공무원연금 대타협기구 첫 회의 … 전문가·정부 위원 주요 발언", 2015년 1월 8일자 기사.

23 이투데이(2015). "여야, 공무원연금 개혁 특위 신경전 … 실무기구 7→9명 확장할 듯", 2015년 4월 6일자 기사.

24 동양대학교는 두 곳에 캠퍼스를 두고 있다. 경북 영주시에 위치한 본교와 경기도 동두천시에 위치한 동양대 북서울캠퍼스다. 이 두 곳 모두에서 공무원사관학교가 운영되고 있다. 나는 현재 동양대 북서울캠퍼스의 공공인재학부에 소속되어 있다.

그리고 입학 후 재학생들도 마찬가지다. 정부가 자신들을 뽑아주기를 소망하면서 열심히 공무원 시험을 준비한다. 이는 비단 우리 학교만의 이야기는 아닐 것이다. 여느 대학의 학생들도 마찬가지일 것이다. 그리고 서울 노량진과 신림동에 있는 소위 말하는 고시촌에서 공무원 시험을 준비하는 학생들의 마음 속 저 깊은 곳에도 고용주로서 정부와 피고용인으로서 시민의 이미지가 자리 잡고 있을 것이다.

6. 피규제자로서 시민과 규제자로서 정부

여섯 번째 이미지는 시민과 정부 관계에서 시민은 피규제자이고 정부는 규제자라는 이미지이다. 이 이미지는 정부가 시장이나 시민 영역에 개입하고 규제하는 행위에서 비롯되었다. 특히 정부의 규제 정책 집행이 크게 영향을 미쳤다고 볼 수 있다. 규제정책은 정부가 개인이나 집단에게 재산권의 행사나 권리 등을 제한하는 정책이기 때문에, 규제자로서 정부와 피규제자로서 시민이 비교적 명백히 구분된다.[25]

정부가 시민에게 가하는 규제는 크게 경제적 규제와 사회적 규제이다. 경제적 규제는 시장의 가격이나 시장참여와 진입 등에 정부가 가하는 규제이고, 사회적 규제는 개인의 행동양식이나 사회가치나 관행 등에 가하는 규제이다. 이 두 종류의 규제는 영향력의 범위에는 서로 차이가 있으나, 두 규제의 전체 영향력을 고려하면 정부가 시민에게 미치는 규제의 영향 범위는 상당히 넓다.[26] 그런 만큼

---

25 Lowi, Theodore J.(1964). American Business, Public Policy, Case Studies and Political Theory, *World Politics*, 16(4): 677~715.

26 Spitzer, Robert J.(1983). *The Presidency and public Policy: The Four Arenas of Presidential Power*, The University of Alabama Press.

규제자로서 정부 이미지는 더 잘 형성된다.

　비단 경제적 규제나 사회적 규제라는 거창한 구분이 아니더라도, 일상에서 우리는 정부로부터 가해지는 많은 규제를 경험하고 있다. 음식을 만드는 사람이라면 불량식품이나 유통기한이 경과한 재료를 사용해서는 안 된다는 정부의 규제를 받고 있고, 운전자라면 음주운전을 해서는 안 되는 규제도 받고 있다. 대형할인마트 주인은 비록 자신의 재산권 행사 차원이라고 해도 365일 내내 휴무일 없이 장사를 할 수도 없다. 정부가 시행하는 의무휴일제도 때문이다. 이처럼 많은 곳에서 정부는 경제적 손실이나 처벌 그리고 때로는 경제적 이익을 인센티브로 작동시켜서 시민들이 규제에 따르도록 하고 있다. 비록 자유나 재산권 행사의 권리를 가진 개인 혹은 집단이지만, 그들의 행위에 따라 발생되는 외부효과(external effect)에 대응하고 반사적으로 얻게 되는 사회적 이익을 위해 정부는 다방면에서 규제행위를 하고 있다. 조금만 생각하면 시민으로서 우리가 정말 많은 생활 곳곳에서 규제를 받고 있다는 것을 알 수 있을 것이다. 물론 때로는 규제자인 정부가 피규제자인 이익집단(이들도 시민이다)에게 포획(capture)되는 경우도 있긴 하지만,[27] 정부가 규제자로서 위치하고 있다는 것은 분명하다.

　규제가 미치는 범위가 넓은 것과 함께, 규제는 톱니효과(ratchet effect)를 발휘하면서 계속 강화되는 속성이 있어서 정부의 규제 행위는 단발성이 아니라 지속되면서 더 강화되기도 한다.[28] 그래서 규

---

[27] Stigler, George(1971). The Theory of Economic Regulation, *The Bell Journal of Economics and Management Science*, 2(1), pp.3~21.

[28] Bardach, Eugene and Robert A. Kagan(2002). *Going By the Book: The*

제자로서 이미지가 더 강해지는데, 그 가운데 규제대상자로서 시민
은 자발적인 순응을 통해 정부의 규제효과가 지속되는데 기여하기도
한다.[29] 이는 규제자로서 정부 행위의 정당성을 보여주는 것이 되어
규제자와 피규제의 관계를 계속 유지하게 한다. 특히 최근에는 각종
사회문제 증가로 인해 보호적 규제(protective regulation)가 늘어나고
있는데, 이때 규제의 필요성이 시민들의 요구에서 비롯되는 경우가
많다. 따라서 피규제자로서 시민과 규제자로서 정부 이미지는 과거
는 물론이고 현재에도 쉽게 목격되는 이미지이다.

이와 함께, 기존의 정부 역할을 변혁하고 수정하기 위해 제시된
여러 이론들에서도 시민과 정부의 관계에 대해 규제 행위를 매개로
설명하는 경우가 많다. 예컨대, 시민의 참여를 강조하는 신공공서비
스론을 설명할 때도 기존 정부의 주요 역할을 규제를 통한 대중과
시민에 대한 감독으로 묘사하고 있다.[30] 이처럼 시민과 정부는 다양
한 이론과 현실 사례에 기초해서 볼 때 피규제자와 규제자로서의 이
미지를 각각 지니고 있다.

Problem of Regulatory Unreasonableness, New Brunswick: Transactions
Publishers.

29 김영평·최병선 외(2006). 『규제의 역설』, 삼성경제연구소, pp.122~123.
30 Denhardt, Janet V. and Robert B. Denhartdt(2003). *The New Public Service:
Serving, not Steering*, N.Y.: M.E. Sharpe.

7. 감시자로서 시민과 피감시자로서 정부

일곱 번째 이미지는 시민과 정부 관계에서 시민은 감시자이고 정부는 피감시자라는 이미지이다. 감시자와 피감시자의 관계는 감시자의 통제행위에 따른 피감시자의 책임성 확보 과정에서 볼 수 있다. 시민에 의한 정부에 대한 통제가 여기에 해당된다. 시민이 정부를 통제하는 행위는, 시민이 원하는 행정을 실현하고 납세자인 시민이 제공한 자원을 효율적으로 사용했는지 확인해서 그 결과에 따라 정부에게 책임을 묻기 위해 이루어진다. 특히 오늘날과 같이 정부의 재량이 많아지고 예산도 방대해져서 정부가 과오나 실수를 범할 가능성이 높아진 상황에서는 그에 대한 시민들의 통제는 더욱 중요하다.[31] 그럴수록 정부 구성원들인 공무원들은 사회적 가치나 시민들의 공유 가치에 부응하려는 행동을 해야 하고, 이는 일종의 시민에 대한 정부의 윤리적 책임으로 받아들여진다.[32] 이제는 시민들도 으레 감시자로서 역할을 하나의 권리이자 의무로 인식하고 있고, 대상자인 정부도 시민으로부터 감시 받는 위치에 있다는 것을 당연하게

---

31 백완기(2014). 『행정학』, 박영사, pp.331~332.
32 Chapman, Richard A.(1993). Ethics in Public Service, In chapman (ed.), *Ethics in Public Service*, Edinburgh University Press, pp.155~171.

생각하고 있다.

그래서 시민은 감시를 위한 여러 통제 장치 및 제도와 관련된 다양한 활동을 한다. 시민들의 의견을 청취하는 공청회, 소송, 선거, 국민투표, 주민투표, 주민소환, 그리고 시민의 대표자(국회의원)들에 의한 국정감사와 대정부 질문 등이 정부에 대한 시민의 통제 장치이자 제도이고 이를 통해 정부를 감시한다. 여기에 더해 시민의 통제는 중개자에 의해 이루어지기도 한다. 이익집단, 정당, 언론, NGO 단체가 이 역할을 한다.[33] 이 중에서도 시민사회의 NGO는 자발성에 기초한 공익실천을 위한 집단으로서, 시민들이 개별적 활동에 따른 영향력의 한계를 극복해서 보다 효과적으로 정부활동을 감시하는 방법 중 하나이다. 특히 여러 NGO 유형 중에서도 창도형(advocacy) NGO는 정부의 문제점을 비판하면서 끊임없이 감시한다.[34] 그래서 시민들로 구성된 NGO와 정부가 협력하기도 하고 경쟁하기도 하지만 이들이 많은 경우에 갈등관계로 존재하는 것은 바로 감시와 피감시의 관계 때문이다.[35]

그리고 무엇보다도 정부의 활동 중 가장 대표적인 것이 정책 활동인데, 정책 활동의 결과에 대한 평가인 정책평가에서 가장 중요한 두 평가에 해당하는 모니터링(monitoring)과 영향력 사정(impact assessment)에서도 모두 시민의 감시·감독 역할이 강조되고 있다.[36] 즉, 시민이

33 오석홍(2013). 『행정학』, 박영사, pp.846~847.
34 O'Connell, Brian(1994). *People Power: Service, Advocacy, Empowerment*, Foundation Center.
35 Weiss, Thomas and Leon Gordenker(eds.)(1996). *NGOs, the UN, and Global Governance*, Lynne Rienner Publishers, pp.17~50.
36 Vedung, Evert(2017). *Public Policy and Program Evaluation*, Taylor & Francis.

정부 및 정책 활동의 핵심 감시자로서 상정되고 있다. 평가지배사회
로 불리는 최근에는 중간평가자가 시민을 대신해서 평가하기도 하는
데,[37] 이때도 역시 피감시자인 정부를 감시하는 감시자로서 주체는
시민이다. 이와 같이 정부에 대한 시민들의 통제와 그에 따른 정부
의 책임 있는 행정 모습, 그리고 시민사회의 성장과 정부활동의 기
본인 정책평가 활동 등은 감시자로서 시민과 피감시자로서 정부의
이미지에 영향을 주는 배경들이다.

---

37 김민주(2016). 『평가지배사회』, 커뮤니케이션북스, pp.17~27.

8. 피감시자로서 시민과 감시자로서 정부

여덟 번째 이미지는 일곱 번째 이미지와 반대다. 시민과 정부관계에서 시민이 피감시자이고 정부가 감시자이다. 이 이미지는 푸코 Foucault, (2003a; 2003b)의 연구에서 잘 드러난다.[38] 근대에 정부는 감옥, 병원, 학교, 공장, 일과표 등과 같은 제도를 통해 사회 전체를 규율하고 훈련시키면서 감시하였다. 개인으로서 시민 역시 규율과 감시의 대상이 되었다. 그래서 감시사회로 규정해도 좋을 만큼의 감시가 사회 곳곳에 내재되어 작동되고 있다. 특히 정부가 만들고 시행하는 효과적인 여러 감시 장치는 정부가 감시자로서 이미지를 갖는데 기여했다.

이런 이미지를 가지게 된 것이 비단 과거의 일만은 아니다. 현재에도 계속되고 있다. 실제로 전 미국중앙정보국(CIA)의 직원인 에드워드 스노든Edward Snowden이 폭로한 바에 따르면, 미국 국가안전보장국(National Security Agency)과 영국의 정부정보통신본부(Government Communications Headquarters)와 같은 정부의 정보기관들이 자국 시민들의 개인 정보를 무차별적으로 수집하면서 감시자로서 행동한 사

---

38 Foucault, Michel(2003a). 오생근 옮김, 『감시와 처벌』, 나남출판; Foucault, Michel(2003b). 이규현 옮김, 『광기의 역사』, 나남출판.

례가 있었다.[39] 테러 방지 등의 목적이 있기는 하지만 정부가 개인에 대한 정보를 많이 가지게 되면 개인들은 잠재적인 감시의 대상이된다. 누군가가 내 정보를 많이 가지고 있다면 그것만으로도 나는감시를 받는다고 생각할 가능성이 높다. 특히 디지털 시대에 빅데이터를 통한 정부의 감시와 통제는 감시자로서의 정부 이미지를 더욱강화시킨다.[40]

정보통신기술이 발달할수록 빅브라더(big brother)가 된 정부는과거에 비해 더욱 더 손쉽게 시민을 감시할 수 있는 세상이 되었다.정부가 기대하거나 바라는 방향으로 시민을 이끌기 위해 최첨단의다양한 방법으로 감시할 수 있게 된 것이다. 인공지능의 발달은 이를 가속화 시킬지도 모른다. 범죄 예방 차원의 감시 등도 존재하기때문에 감시의 의미를 꼭 부정적인 것으로만 여길 필요는 없지만,앞으로 감시자로서 정부의 이미지가 강화될 수 있는 상황인 것만은분명해보인다. 그래서 감시를 받는 시민은 감시를 의식하며 따르기도 하고 불만을 표시하며 저항하기도 하고, 때로는 감시가 이루어지는지도 모르는 상태에서 감시를 받고 있을 수도 있다. 이처럼 과거에서부터 오늘날까지 그리고 미래에도 감시자로서 정부와 피감시자로서 시민의 이미지가 한편에서 여전히 존재하고 있다.

---

39 송영배·김형식(2013). 에드워드 스노든에 의하여 폭로된 NAS와 GCHQ의 정부 감시프로그램 사례 연구, 『한국정보과학학회 학술발표논문집』, 2013: 817~819.
40 Schneier, Bruce(2015). *Data and Goliath: The Hidden Battles to Collect Your Data and Control Your World*, N.Y.: W.W. Norton & Company.

9. 순응자로서 시민과 권위자로서 정부

아홉 번째 이미지는 시민은 순응자이고 정부는 권위자로서 이미
지이다. 권위는 상하관계와 같은 서열에 기초한 지배적 위치를 나타
내는 개념이다. 권위를 지닌 자(권위 소지자)가 권위를 지니지 못한
자(권위 비소지자)를 통제하거나 강요하게 된다.[41] 관료제적인 속성을
지닌 공공조직에서는 관료적 권위가 법과 규정과 규칙에 기초해서
부여된다.[42] 그래서 정부는 합법적인 권위에 기초한 대규모 조직으
로서 합법적인 권위를 행사하는 공식적인 조직이 된다. 이에 권위자
로서의 정부 이미지가 형성되고 구성된다.

기본적으로 정부의 여러 행위와 활동이 법적 권위에 기초해서
이루어지면서 정책 결정이나 집행과정 등에서 강제성과 엄격성이 나
타난다. 통상 권위주의는 복종이 마땅히 옳다는 신념에서 정당화되
는 권력의 행사라는 점에서,[43] 복종이나 순응 등이 그에 대응된다.
그래서 정부의 권위행사의 대상자로서 시민은 순응자로서 이미지를

---

41 박동서(1995). 『한국행정론』, 법문사.
42 Weber, M. (1947). *The Theory of Social and Economic Organization*, New
York: The Free Press.
43 김광웅(1981). 행정문화, 『행정논총』, 19(2): 248~265.

갖는다. 정부의 권위적 행위는 시민의 순응을 전제 혹은 기대하면서
이루어지기 때문에 시민은 순응자로서의 이미지가 형성되는 것이다.

이처럼 정부가 시민들로부터 위임 받아 영향력을 행사할 수 있
는 권위를 갖게 된 이론적 토대는 토마스 홉스Thomas Hobbes, 존 로크
John Locke, 장 자크 루소Jean Jacques Rousseau의 계약론에서도 찾을 수 있다.
자연 상태에 있던 시민들이 계약에 의해 자신들의 권위를 위임한 결
과로 권위자로서 정부와 순응자로서 시민 이미지가 성립하는데 일정
부분 기여했다. 물론 불복종과 저항도 있지만 그 이전에 위임된 권
위에 대한 순응을 기대한다.

이러한 권위자로서 정부와 순응자로서 시민 이미지는 국가마다
다소 다른 정도로 인식되고 있다. 이미지화되어 있는 정도가 다를
수 있다는 의미다. 만일 식민 지배를 받은 경험이 있는 국가라면 이
이미지는 더 분명하게 나타날 수 있다. 단적으로 우리나라의 경우
일본에 의한 식민 지배를 받은 경험은 권위자로서 정부 이미지를 형
성하는데 많은 영향을 주었다. 특히 일제강점기 하의 정부 관료는
강압적인 권위자의 대리 역할을 충실히 하였기에 권위자로서의 정부
이미지를 강하게 심어주었다. 일제강점기를 경험한 어른들에게 소위
말하는 순사는 곧 당시 권위자로서 정부를 그대로 대변하는 것이었
다. 대단한 힘을 가진 권위자로서 정부에 대해 한낱 시민들은 복종
하고 순응하는 것이 당연한 것이었다. 영화나 드라마로 반복되었던
이런 이미지는 후세대에도 이어졌다. 광복되고 민주화가 된 현재는
과거에 비해 많이 이 이미지가 옅어졌다고 볼 수 있지만, 우리 인식
속에는 여전히 정부와 시민의 관계 이미지를 형성하는 한 부분에 자

리 잡고 있다.

　이와 관련 하여 개인적으로 추측건대, 왜 우리나라 부모들이 그들의 자식이 정부 관료 집단(판사, 검사, 경찰 등을 포함한 공직자)에 소속되기를 유독 많이 바라는지에 대한 부분적인 이유를 찾을 수 있다. 아니, 부분적인 이유라기보다는 겉으로는 드러나지 않는 내재된 이유 정도로 말하는 것이 더 적절할 수도 있다. 그 이유는 역사적 경험에서 비롯된 보이지 않는 의식이기 때문이다. 100여 년 전의 식민지 국민으로서 경험은 막강한 힘을 발휘하는 권위자로서의 정부가 무섭고 싫고 고통스러운 기억으로 남아 있지만, 한편으로는 역설적이게도 그러한 권위자 집단의 구성원이 되기를 바라는 마음이 강하게 자리 잡게 해주었다. 한낱 시민으로서 힘없는 사람이었기에 그것을 극복하는 방법은 권위에 순순히 복종하거나 아니면 그 집단에 소속되는 것이었다. 적어도 자신들의 자식은 자신들처럼 순순히 복종하며 힘들게 살기보다는 그곳 즉, 정부 관료 집단에 소속되도록 해야겠다는 마음이 강하게 자리 잡았을 수 있다. 최근 공무원이라는 직업에 대한 강렬한 선호 현상에 대해 직업과 직장의 안정성으로 그 이유가 설명 되고 있지만, 다른 한편으로는 우리 부모 세대들의 마음 저변에서 비롯된 이러한 역사적 경험에 따른 인식으로 설명되는 면도 있을 것이다.

10. 권위자로서 시민과 순응자로서 정부

　　열 번째 이미지는 아홉 번째 이미지와는 반대로 시민은 권위자
이고 정부는 순응자로서의 이미지이다. 앞서 아홉 번째 이미지는 1
차적으로 권위를 지니고 있는 시민이 정부에게 자신들의 권리를 위
임하거나 계약을 맺어서 정부가 활동할 때 권위를 갖도록 해준 것에
서 비롯된 이미지라고 했다. 그런데 이 말은 역으로 그 권위는 시민
들에게 이미 존재한다는 것을 의미한다.

　　계약론자인 존 로크John Locke와 장 자크 루소Jean Jacques Rousseau에 따
르면 자연 상태에서 시민은 자유롭고 평등하며 독립되어 있는 권력
과 권위를 지니고 있는 존재이다. 이들은 보다 안락하고 안전한 사
회를 위해 권력과 권위를 양도했을 뿐이다. 그래서 존 로크John Locke
는 양도한 권력이 임의적이고 즉흥적으로 사용되지 못하도록 시민들
에게 공표되어 알려져야 하고 법률에 의해 통제되어야 한다고 강조
했다. 양도된 권력은 시민들의 안전과 평화와 공공복지 이외의 어떤
목적에도 사용되어서는 안 된다는 점을 강조하면서 시민들의 주체적
권위가 전제된 통치를 중요시 여겼다.[44] 그는 시민의 동의에 의해

---

44 Locke, John(2014). 이극찬 옮김, 『시민정부론』, 연세대학교출판부, pp.130~200.

수립된 정부가 아니면 정당하지 않다고 주장하면서 시민들에게 혁명의 권리도 부여했다. 삼권분립에서도 시민의 대표인 의회가 정부보다 더 우선한다고 보았다.[45]

장 자크 루소Jean Jacques Rousseau 역시 정부가 시민들의 자유를 빼앗는다면 계약을 파기할 수 있다고 주장했다.[46] 위임한 권위를 다시 찾을 수 있다는 말은 그 권위는 애초에 시민의 것임을 의미한다. 존 롤스John Rawls 역시 설사 정부가 합법적 권위를 행사한다고 해도 그 권위는 무제한이 아니며, 필요하면 시민들의 불복종(civil disobedience)이 있다고 했다[47].

이는 오늘날 우리나라 헌법의 기본 원리와 상당히 유사하다. 헌법에 따르면 국가 활동의 가장 근원적인 권위는 바로 국민들로부터 나온다. 구체적으로 헌법 제1조 제2항에 의하면, '대한민국의 주권은 국민에게 있고, 모든 권력은 국민으로부터 나온다'고 명시되어 있다. 국민이 주권자라는 것은 국민이 모든 공권력과 같은 권력과 권위의 원천이 된다는 의미와 공권력의 내용은 국민의 의사에 합치되어야 함을 의미한다. 이는 단순한 헌법상의 장식이 아니라 정치질서에 구체적으로 실현되어야 할 최고의 가치규범으로 받아들여지고 있다.[48] 따라서 정부를 구성하고 그 속에서 이루어지는 활동은 국민들의 권위에 따른 결과라고 할 수 있다. 최상의 권위자로서 시민의 의사에 따르는 정부는 순응할 것으로 기대되는 것이다. 이상적이건 현실적

---

45 남경태(2012). 『누구나 한번쯤 철학을 생각한다』, 휴머니스트, pp.304~309.
46 Rousseau, Jean Jacques(2006). 방곤 옮김, 『사회계약론』, 신원문화사, pp.20~25.
47 맹주만(2005). 합법적 권위와 시민불복종, 『철학탐구』, 18: 277~315.
48 이기우(1997). 시민주권의 회복과 시민참여의 활성화, 『한양대학교 지방자치연구소 국내세미나 논문집』, p.79.

이건 시민과 정부의 이미지가 이처럼 구성되어 있는 것은 사실이다. 권위자로서 시민과 순응자로서 정부 이미지는 이러한 사상과 사상 실현의 제도들로부터 영향을 받아 형성되었다.

11. 추종자로서 시민과 지도자로서 정부

　　열한 번째 이미지는 시민은 추종자이고 정부는 지도자인 이미지
이다. 지도자로서 권력체인 정부가 시민을 이끌고 시민은 이에 추종
하는 이미지이다. 이는 근대 시민국가의 통치적 특성에서 알 수 있
다. 근대 시민국가는 표면적으로 시민이 주체가 되는 듯 하지만 사
실은 그 이면에는 주체적 시민을 이끄는 권력이 존재한다. 에고(ego)
와 타자(alter) 사이에서 에고가 타자를 통해 자신을 지속시키려는 행
위인 권력 작용이 에고로서 정부와 타자로서 시민에게도 적용되는
것이다.[49] 정부는 시민을 통해 자신의 연속성을 보장하기 위해 교묘
한 지도 행위를 한다. 그래서 시민은 이미 정부로 대표되는 권력에
의해 '만들어진 존재'가 된다. 시민들이 스스로 주체를 가진 시민이
되었다는 생각도 정부 권력의 지도에 따른 것이다.
　　이 지도를 이끄는 것은 정부가 권한부여(empower)를 통한 여러
프로그램들을 동원해서이다.[50] 시민교육 등을 통해 '시민'으로 거듭

49　김민주(2017). 예산배분 권력의 역전: 원조예산의 사례를 중심으로, 『인문사회과학
　　연구』, 18(3), pp.147~148.
50　Cruikshank, Barbara(1999). *The will to empower: democratic citizens and
　　other subjects*, NY: Cornell University Press.

나도록 하는 주체는 바로 정부이다. 시민은 정부가 제공하는 사회프
로그램을 자발적으로 잘 따르면 능동적이고 주체적인 활동을 하는
'시민'이 된다고 여기기 때문에, 역설적으로 권력체에 의해 '만들어
진' 시민이 '주체적' 시민인 것으로 등장하게 된다. 시민이 만들어지
는 이면에는 정부가 지도자가 되어 시민을 이끈 메커니즘이 존재하
고 있는 것이다. 이는 미국 헌법 제정 당시 반공화주의자들이 인민
은 어리석고 의심이 많고 스스로 안심하고 신뢰하지 못하는 존재라
고 인식하여 통치자들이 지도해서 돌보고 이끌어야 한다는 생각과도
유사한 맥락이다.[51] 여기에는 지도에 잘 따르는 인민이라면 성공적
인 인민으로 거듭날 수 있다는 생각이 전제되어 있다. 일종의 추종
자로서 가정이다.

　　그리고 주권의 개념도 만들어진 것으로, 시민주권도 상징적인
것에 불과할 수 있다. 위계적인 특징을 지닌 시민의 복종을 평등의
특징인 자율성의 능력들로 내면화시킨 기제일 수도 있는 것이다. 또
시민들의 주권을 양도하여 소위 말하는 일반의지와 같은 지도 주체
에 추종하는 것도 사실은 현실의 의지 실현 주체로서 정부가 지도적
위치에 있는 것이며, 그에 따라 애초에 주권을 지녔지만 양도한 시
민들은 오히려 추종자로서 존재하게 되는 것이다.[52] 정부와 시민이
각각 지도자와 추종자 관계로 형성된 이러한 이미지는 지도자로서
우위에 있는 정부가 올바른 안내자가 되어 추종자인 시민을 잘 이끌
게 되면 기대하는 사회를 만들 수 있다는 관념이 지배적일 때 주로
나타난다.

---

51 갈상돈(2012). 제임스 매디슨의 여론관과 대중, 『한국정치학회보』, 46(2): 71~95.
52 오정진(2012). 주권개념의 변환을 위한 시론, 『법철학연구』, 15(1): 251~270.

12. 지도자로서 시민과 추종자로서 정부

열두 번째 이미지는 열한 번째 이미지와는 반대로 시민은 지도
자이고 정부는 추종자로서 이미지이다. 이 이미지는 미국 헌법 초안
의 기초를 맡은 제임스 매디슨James Madison이 말한 여론주권 개념에서
특히 두드러진다. 여론은 인민(people) 혹은 대중(the public)으로부터
기인하고, 여론주권은 이들의 열정과 이성이 격렬히 요동치는 지점
에서 드러나는 여론일반(public opinion in general)과는 달리 이성이
뚜렷하게 나타남으로써 가능한 것을 말한다. 여기서 인민과 대중은
엄밀하게 보면 차이가 있지만 혼용되는 경우가 많고 오늘날의 시민
으로 지칭되는 대상들이다. 이들이 형성하는 여론은 시민이 지도자
로서 그 역할을 하는 것처럼 정부활동과 역할의 한계를 설정할 정도
의 위치에 있다. 즉, 여론주권 개념에 따르면 "여론이 모든 정부에
한계를 설정하고 모든 자유로운 정부에서 진정한 주권자이다."그래
서 "정부는 여론에 의존해야 하고", 또 "모든 정부는 여론에 의존하
고 있다."[53] 이때 여론주권이 규범적으로 올바른 것인가에 대한 논
의가 중요한 것은 아니다. 더 중요한 것은 여론주권에 따른다는 행

---

[53] 갈상돈(2012). 제임스 매디슨의 여론관과 대중, 『한국정치학회보』, 46(2): 71~95.

위 그 자체이다. 그만큼 방향설정의 지도자로서 시민의 의견이 우선
한다는 것이고 운영의 주체인 정부는 그에 따르는 것이 중요하다.

　이와 함께 민주주의 사회에서 지도자로서 시민의 모습은 '시민
통제' 또는 '시민권력'의 개념에서도 드러난다. 이 개념들은 민주주
의의 핵심적인 특성으로서 시민에 의한 지도를 강조한다. 그래서 민
주주의는 본질적으로 볼 때 정치적으로 평등한 시민에 의한 직·간
접적인 자치(self-government) 실현을 의미한다.[54] 정부라는 기관은
시민의 자치의지에 따를 뿐이다. 이처럼 지도자로서의 시민은 정부
가 추종자로서 따를 것을 기대하고 있다. 제임스 매디슨James Madison도
헌법이 여론의 최상의 표현을 구현한 것으로 여겼고 정부 내 어떤
의견도 그것이 아무리 널리 펴져 있고 인기가 있다고 해도 헌법 속
에 표현된 인민의 소리보다 더 우월하지는 않다고 했다.[55] 이처럼
시민들의 목소리에 따라 정부가 따르는 관계인 지도자와 추종자로서
의 이미지가 시민과 정부의 이미지 중 하나이다.

---

54 Beetham, David, Sarah Bracking, Iain Kearton, and Stuart Weir, Eds.(2002).
　International IDEA Handbook on Democracy Assessment, The Hague:
　Kluwer Law International, p.14.
55 갈상돈(2012). 제임스 매디슨의 여론관과 대중, 『한국정치학회보』, 46(2): 71~95.

13. 피보호자로서 시민과 보호자로서 정부

열세 번째 이미지는 시민은 피보호자이고 정부는 보호자로서의 이미지이다. 이 이미지는 시민들을 돌보는 책임자이자 의무자로서 정부를 상정하고 있다. 이는 시민들이 계약에 의해 자신들에 대한 보호를 정부라는 권력체에게 맡긴 계약론 사상에서 이미 내재하고 있는 이미지이기도 하다. 과거 관방학官房學이 발달하기 시작했을 때부터 정부의 중요한 임무 중 하나는 시민들의 안전을 확보하는 것이었다.[56] 최소국가와 야경국가 등으로 불렸던 시대에도 시민들에 대한 가장 기본적인 안전 문제는 여전히 정부의 중요한 역할로 강조되었다. 안전의 대상으로서 시민은 보호의 대상을 의미한다.

오늘날에는 더 적극적인 시민 보호를 천명한 복지국가 사상에서 이 이미지가 잘 드러난다. 복지국가에서 정부가 가족을 지원(후원)하는 여러 활동들의 이면에는 돌봄의 대상으로서 가족을 상정하고 있고, 가족 단위 속에 개인도 역시 피보호자로서 위치하고 있기 때문이다. 때로는 이 과정에서 정부의 검열과 통제가 있기도 하고 가부장제가 전면에 나서는 등의 문제가 드러나기도 한다.[57] 보호가 하나

---

56 김태룡(2010). 『행정이론』, 대영문화사.
57 함인희(2012). "국가후원 가족주의(State-sponsored Familism)"의 딜레마, 『한국사회

의 통제 수단이 될 수도 있다는 비판도 같은 맥락이다. 보호자는 피보호자를 잘 알아야 한다는 주장이 때로는 설득력이 있기 때문에 과하면 그리되기도 하는 것이다. 중요한 것은 가난과 같은 보호를 필요로 하는 문제를 해당 시민의 개인적인 문제로서가 아니라 사회구조적 문제로 접근해서 정부가 보호자가 되어야 한다는 인식이다.[58] 이 인식에 따라 시민과 정부의 피보호자－보호자 이미지가 형성된다. 복지에 대한 관념이 강하게 형성된 오늘날에는 시민이 정부로부터 적절하다고 여겨지는 수준에 해당되는 보호를 받는 것은 당연하다고 생각되고 있다. 현실에서도 지원과 보호와 관련된 도움의 행정과 정책은 많이 존재하고 있다.

피보호자로서 시민과 보호자로서 정부는 정치 영역에서도 보수주의나 진보주의를 막론하고 형성되어 있는 이미지이기도 하다. 두 진영 모두 정부가 보호자로서 이미지를 지니고 있는데, 단지 보수진영처럼 엄격한 아버지(strict father)로 이미지화 하는가, 아니면 진보진영처럼 자애로운 부모(nurturant parent)로 이미지화 하는가의 인식 틀(fame)의 차이일 뿐이다.[59] 국제적 차원으로까지 확대하면, 보호자로서 정부 이미지는 국가와 국제사회가 대량학살, 전쟁범죄, 인종청소, 반인류 범죄 등으로부터 자국민들을 보호해야 할 책임에 관한 원칙들로 이루어진 국민보호책임(Responsibility To Protect) 규범으로도 확인할 수 있다.[60] 이처럼 정부는 중요한 역할 중 하나로 시민들의 안전과 보

학회 사회학대회 논문집』, pp.539~554.

58 Royce, Edward(2009). *Poverty and Power: The Problem Structural Inequality*, Rowman & Littlefield Publishers.
59 Lakoff, George(2002). *Moral Politics: How Liberals and Conservatives Think*, Chicago: University of Chicago Press.

호 그리고 안녕을 책임지는 주체로 여겨지고 있다.

---

60 김현(2013). 국민보호책임(R2P) 규범과 규범 촉진자, 『아태연구』, 20(2): 157~193.

제 5 장

시민과 정부의 13가지 현실적 얼굴

제 5 장

시민과 정부의 13가지 현실적 얼굴

1. 현실적 얼굴을 찾는 방법

시민과 정부의 현실적 얼굴을 찾는 방법은 다양할 수 있다. 앞서 이론적 얼굴들은 찾았고, 그 각각의 얼굴들에서 가장 현실적인 얼굴에 가깝다고 생각되는 얼굴에 점수를 부여하는 방법이 가장 손쉬운 방법이다. 현실적인 얼굴을 찾는 것이기 때문에 현실의 사람들에게 물어보면 된다. 그래서 이 책에서는 시민과 정부의 이론적 얼굴들을 제시해 주고 사람들에게 각각의 이론적 얼굴들에 점수를 부여하도록 했다. 설문조사를 진행한 것이다.

그런데 현실의 사람들에게 물어 볼 때, 이 '현실의 사람들'의 범위를 어떻게 정할 것인가가 중요하다. 우리나라 전 국민을 대상으로 하면 좋겠지만 전수조사에 대한 현실적인 어려움도 있고, 설사 전수조사가 아니더라도 전 국민을 모집단으로 하는 표본조사를 진행하는 것도 개인 연구자로서는 어려움이 존재한다. 엄격하게 난수표 등을 이용해서 모집단으로부터 추출하는 무작위 표본조사는 더욱 그렇다. 그래서 이 책에서는 연구의 한계를 인정하더라도 그 한계를 상회할 만한 연구 가치가 있다는 판단 하에서, 현실의 사람들의 범위를 대학생으로 한정하였다.

따라서 이 책에서 진행한 연구는 분명 한계가 있는데 그것은 이런 의문 때문이다. 이 책의 연구 결과를 과연 우리나라 전체 일반인들에 대한 인식으로 일반화할 수 있을 것인가라는 점이다. 연구 결과의 일반화는 표본추출방법에서 이미 엄격하게 판단된다는 점에서, 이 책의 연구가 우리나라 전체 일반인들을 대상으로 한 무작위추출이 아닌 편의표본추출법(convenience sampling method)을 사용했기 때문에 일반화의 한계는 분명히 지니고 있다.[1] 대신, 분석결과의 일반화를 위해 표본추출의 엄격성을 강조하는 것은 결국 표본오차를 줄이기 위한 노력이라는 점에서,[2] 본 연구는 부가적인 표본오차의 발생을 가급적 줄이기 위해 표본의 정규성을 전제한 모수통계기법의 적용을 최소화했다. 즉, 표본추출의 한계를 인지하여 분석결과에 대한 일반화된 해석이 과도해지는 것을 의식적으로 통제했다. 그래서 모수통계기법은 간단히 성별 비교와 요인분석(factor analysis)에서만 제한적으로 사용하면서 설문조사에서 도출한 인식점수에 대한 기술적 분석에 주로 초점을 두었다.[3]

---

1 김민주(2015).『행정계량분석론: 통계분석의 기초, 응용, 실습』, 대영문화사, pp.63~64.
2 표본오차란 모집단(관심의 대상이 되는 해당 집단의 모든 개체의 집합) 전체를 조사하지 않고 그 일부인 표본만을 조사해서 모집단의 특성인 것으로 일반화하기 때문에 발생하는 오차를 말한다. 표본조사를 실시하면 거의 필연적으로 생기는 오차이다.
3 이 책의 머리말에서도 밝혔듯이 이 책의 기초가 되는 '김민주(2016). 시민과 정부는

이처럼 이 책의 연구 결과는 비록 일반화의 문제를 가지고는 있지만 대학생에 한정된 편의추출에 기초한 결과라는 단서(但書) 하에서, 현실사회의 한 구성원으로서 대학생들이 시민과 정부에 대해 어떤 이미지로 인지하고 있는지에 관해 이해할 수 있는 기회를 제공해 준다는 점에서는 충분한 의의가 있다고 판단되어 연구를 진행하였다. 시민과 정부의 얼굴을 찾는 최초의 연구로서도 의의가 있고, 그렇기 때문에 향후 후속 연구들의 참고자료로서도 의의가 있어서 최대한 한계를 주의하고 최소화 한 상태에서 분석과 해석을 하여 다음에서 나올 연구 결과들을 도출 할 수 있었다.

앞서 이 책에서 다루는 시민과 정부의 은유 이미지에 대한 연구는 대학교의 학생들을 대상으로 조사를 진행했다고 했는데, 구체적으로 말하면 A대학의 B학과에 재학 중인 전체 학생 313명을 대상으로 제4장에서 제시한 [표 1]에 기초한 질문지를 이용해서 설문조사를 진행하였다. 유효한 응답자는 304명이고 여기에는 1학년부터 4학년까지 모두 포함되어 있다. [표 1]에 나타나 있는 시민과 정부의 은유 이미지에 어느 정도 동의하는지를 체크하도록 하였다. 시민과 정부의 은유 이미지를 대응해서 묻기도 하고, 시민과 정부의 각각의

어떤 이미지로 존재하고 있는가?: 시민과 정부의 13가지 은유 이미지에 대한 대학생들의 인식 분석, 『한국행정연구』, 25(3): 1~32' 논문에서는 요인분석(factor analysis)의 결과는 포함시키지 않았다. 학술 논문으로서 일반화에 대한 문제가 충분히 지적될 수 있기 때문이었다. 하지만 이 책에서는 요인분석의 결과를 포함시키기로 하였다. 요인분석 결과는 제6장의 내용들이다. 이에 대해 많은 고민을 하였는데, 일반화에 대한 해석을 경계하고 주의한다면 요인분석의 결과가 독자들에게 새로운 생각거리를 주는 것이라고 판단하였다. 그리고 13가지 시민과 정부의 얼굴을 또 다른 차원으로 이해하는 하나의 관점이 될 수도 있고, 또 아이디어로서도 가치가 있다고 판단되었다. 그래서 비록 편의추출이라는 표본추출의 한계에도 불구하고 이러한 연구 결과들을 다루고 있다.

은유 이미지에 대해서도 동의 여부를 물었다. 설문지는 11점 척도를 사용하였고, 각 은유 이미지를 묻는 질문의 순서는 무작위로 배열하였다.

조사를 진행할 때 시민과 정부에 대한 은유 이미지에 대하여 학생들이 스스로 바람직하다고 생각하는 이미지로 응답할 경우를 통제하기 위해 설문조사 전 교육과 질문문항 구성을 통해 관련 조치를 취하였다. 우선 본 설문조사는 2015년 11월에 집합조사법을 적용해서 실시했기 때문에 응답자들 전체에 대한 사전 교육이 동일한 공간에서 동시에 이루어질 수 있었다. 조사 목적과 의의를 설명하고 질문문항을 예시로 들어 시민과 정부의 바람직한 이미지 혹은 바람직했으면 하는 이미지로 응답하는 것이 아니라, 시민과 정부의 이미지가 현재 어떻게 존재하는 것으로 인지되고 있는지에 대한 판단으로 응답할 것을 교육하였다.

이와 함께, 질문문항을 구성할 때에도 응답자가 질문에 오해하지 않도록 하였다. 설문지는 시민과 정부의 각각 13가지 은유 이미지에 대한 문항들로 구성되어 있기 때문에 유사한 형식의 많은 질문문항에 유용한 자기응답식 조사법을 적용하였다. 이러한 질문에 충실한 반응을 이끄는 방법은 문항을 최대한 간결하고 단순하고 건조하게 하고 폐쇄형으로 구성하는 것이다.[4] 현상을 묻는 문항에 대하여 2차적 해석이 가해지면 이상理想을 생각하기 때문에 최대한 간결하고 단순하게 문항을 만들고 각 이미지에 대하여 단순문항 구조로 응답을 끝내도록 했다.

---

4 이계오 외(2008). 『표본조사론』, KNOU PRESS.

　그리고 각 대상에 대한 13가지 은유 이미지에 대한 모든 문항이 한 페이지에 나타나도록 했다. 이는 동일한 수준의 질문문항들이 나열되어 있을 때 설문지가 구분되어 다음 면으로 넘어가면 이전과는 다른 기준을 적용할 수 있는 위험을 방지하는 효과가 있기 때문이다. 그래서 각 대상의 은유 이미지들이 동시에 한 면에서 체크가 이루어지도록 질문문항들을 배열하였다.

　질문은 크게 세 가지로 구성되었다. 첫째, 시민과 정부와의 관계에서 시민의 은유 이미지는 어떠한가. 둘째, 시민과 정부와의 관계에서 정부의 은유 이미지는 어떠한가. 셋째, 시민과 정부의 관계를 나타내는 은유 이미지는 어떠한가. 이 세 질문은 모두 시민과 정부의 관계 기반의 이미지를 각각(첫 번째 질문과 두 번째 질문) 혹은 동시(세 번째 질문)에 물어보는 내용들이다. 그리고 각 질문에 대한 응답은 11점 척도를 사용했기 때문에 11점으로 동의 정도를 표시하도록 했고, 이와 더불어 절대적인 점수 이외의 상대적인 순위도 체크하도록 했다. 다시 말해, 시민과 정부와의 관계에서 시민에 대한 각각의 은유 이미지들에 대해 절대적인 점수를 먼저 개별 이미지별로 체크하도록 하는 것과 동시에, 이어서 시민에 대한 13개의 은유 이미지를 모두 제시한 상태에서 상대적인 순위를 부여하라는 질문도 제시하였다. 정부에 대한 은유 이미지에 대해서도 마찬가지이고, 시민과 정부의 관계를 동시에 나타내는 은유 이미지에 대해서도 마찬가지의 방식으로 조사하였다.

　절대적인 점수와 함께 상대적인 순위를 부여하도록 한 것은 개별 이미지에 대한 점수 부여와, 모든 이미지가 동시에 제시된 상태에서 상대적인 순위를 부여하는 것은 다르게 나타날 수도 있기 때문에 이를 확인하기 위해서이다. 만약 개별 이미지에 대한 점수와 상대적인 순위 부여에 따른 결과가 큰 차이를 보인다면, 시민이나 정부에 대한 특정한 은유 이미지를 제시하는 것에 세심한 주의가 필요하다. 개별적 이미지 점수와 모든 이미지 간의 상대적인 순위의 결과가 왜 다르게 나타나는 것인가에 대한 별도의 분석이 또 필요하다. 만일 그렇지 않고 개별 이미지에 대한 점수 결과나 모든 이미지들이 제시된 상태에서 부여된 상대적인 순위의 결과가 서로 유사하게 나타난다면 시민이나 정부에 대한 특정한 은유 이미지를 제시하는 것이 훨씬 수월하다. 개별 이미지로 인식하는 것이나 상대적인 순위에 따라 인식하는 것이나 모두 동일한 결과라면 대상의 이미지에 대해서 보다 쉽게 이해할 수 있게 되는 것이다. 따라서 질문지는 세 개의 질문 분야에서 개별 이미지에 기초한 절대적인 점수 부여와 함께 모든 이미지가 주어진 상태에서 상대적인 순위 부여가 이루어지도록 구성하였다.

설문응답자들의 인구학적 특성은 다음과 같다. 유효 응답자 304명 중 인구학적 특성을 묻는 문항에 결측치를 보인 8명을 제외한 296명의 특성을 보면,[5] 우선 성별의 경우 남자는 184명(60.5%)이고 여자는 112명(36.8%)이다. 학년은 1학년 94명(30.9%), 2학년 79명(26%), 3학년 78명(25.7%), 4학년 45명(14.8%)이다. 연령대는 10대 6

---

5 인구학적 특성에 응답을 하지 않은 사람이 8명이므로 인구학적 특성을 제시할 때는 응답자가 296명이 되지만, 이들은 나머지 항목에는 응답을 하였기 때문에 조사의 전체 응답자는 304명이다. 물론 이들 역시 항목별로 결측치가 존재하기는 한다. 이는 이후에 나오는 자유도 수치에서 확인된다.

명(2%), 20대 272명(89.5%), 30대 10명(3.3%), 40대 3명(1%), 50대 4
명(1.3%), 60대 1명(0.3%)이다. 연령대의 경우 대학생이 조사 대상이
므로 거의 대부분이 20대이다. 그런데도 그 이상의 연령대(30대, 40
대, 50대, 60대)도 비록 소수이기는 하지만 존재하는 것은 편입학한
늦깎이 대학생들이 있었기 때문이다.

2. 시민의 현실적 얼굴

시민과 정부의 관계에 기초한 각각의 은유 이미지를 살펴보기 위해 우선 설문조사 결과에 대한 신뢰도 분석을 실시하였다. 신뢰도 분석은 특정한 대상(현상)을 여러 변수들로 측정할 때 항목들의 일관성 혹은 동질성 여부에 관한 정보를 제공해주는데 사용된다. 이 책의 연구 내용에서 신뢰도 측정은 시민과 정부의 이미지를 측정하기 위해 사용한 여러 변수(은유 이미지)들이 얼마나 믿을만한가 혹은 일관성 있는 결과를 얻을 수 있게 해주는지를 알려주는 역할을 한다.

신뢰도 측정에서 주로 사용되는 값은 크론바흐 알파 값(Cronbach Alpha Coefficient)이다. 여기서도 이 값을 통해 신뢰도 분석을 실시하였다. 그 결과 시민의 은유 이미지에 관한 설문에서 크론바흐Cronbach의 알파(α)값은 0.67이고, 정부의 은유 이미지에 관한 설문에서는 그 값이 0.63으로 나타났다. 일반적으로 크론바흐Cronbach의 알파(α)값이 0.6이상이면 수용할 만한 것으로 판단하기 때문에, 이 결과는 시민과 정부의 은유 이미지 측정에 사용한 13개의 항목이 신뢰할만하다는 것을 보여준다. 따라서 다음의 분석들이 가능하고, 또 의미가 있다는 점을 말해준다.

　　먼저 시민의 은유 이미지에 대한 현실에서의 인식 정도를 살펴
보고 이어서 정부의 은유 이미지에 대해서도 살펴본다. 그리고 시민
과 정부의 관계 이미지를 동시에 조사한 결과에 대해서도 살펴본다.
이때 인식 정도에 대한 점수와 함께 순위도 제시하며 서로 비교한
다.

　　시민에 대한 은유 이미지의 분석 결과(인식점수)는 [표 2]와 같다.
시민에 대해 인지하는 은유 이미지로서 상대적으로 가장 높은 점수
를 보인 것은 협력자로서 시민 이미지(6.35점)다. 시민은 협력자로서
얼굴로 인지되는 정도가 가장 강한 것이다. 다음으로 높은 점수를
보이는 얼굴 즉 은유 이미지는 주인으로서 은유 이미지(6.34점), 감
시자로서 은유 이미지(6.11점), 피보호자로서 은유 이미지(5.45점), 피
규제자로서 은유 이미지(4.84점), 고객\으로서 은유 이미지(4.74점), 고
용주로서 은유 이미지(4.68점), 지도자로서 은유 이미지(4.53점), 순응
자로서 은유 이미지(4.25점), 권위자로서 은유 이미지(4.20점), 피고용
인으로서 은유 이미지(3.90점), 피감시자로서 은유 이미지(3.90점), 추
종자로서 은유 이미지(3.84점) 순이다. 추종자로서 은유 이미지는 상
대적으로 다른 이미지들보다 인지되는 정도가 낮게 자리 잡고 있다.
이 이미지는 협력자로서 이미지와 비교할 때 2.51점의 차이를 보인
다.

[표 2] 시민에 대한 은유 이미지의 인식 점수

시민에 대한 은유 이미지	인식 점수
시민과 정부 관계에서 시민은 협력자이다.	6.35
시민과 정부 관계에서 시민은 주인이다.	6.34
시민과 정부 관계에서 시민은 감시자이다.	6.11
시민과 정부 관계에서 시민은 피보호자이다.	5.45
시민과 정부 관계에서 시민은 피규제자이다.	4.84
시민과 정부 관계에서 시민은 고객이다.	4.74
시민과 정부 관계에서 시민은 고용주이다.	4.68
시민과 정부 관계에서 시민은 지도자이다.	4.53
시민과 정부 관계에서 시민은 순응자이다.	4.25
시민과 정부 관계에서 시민은 권위자이다.	4.20
시민과 정부 관계에서 시민은 피고용인이다.	3.90
시민과 정부 관계에서 시민은 피감시자이다.	3.90
시민과 정부 관계에서 시민은 추종자이다.	3.84

* 인식 점수는 개별 은유 이미지에 부여된 절대적인 점수를 평균한 값으로, 높을수록 해당되는 이미지에 더 부합된다는 의미다. 11점 척도가 사용되었다.

이 결과를 보면, 비교적 높은 점수를 받은 이미지들과 낮은 점수를 받은 이미지들 사이에는 뚜렷한 차이점이 발견된다. 6점대의 점수를 보이는 비교적 높은 점수의 이미지인 협력자, 주인, 감시자로서 은유 이미지와 3점대의 비교적 낮은 점수를 보인 피고용인, 피감시자, 추종자로서 은유 이미지 간에는 권력의 정도나 지배적 위치 여부에서 서로 차이가 있다는 것을 알 수 있다. 협력자나 주인이나 감시자는 적어도 상대와 비교했을 때 권력의 정도가 낮지 않고 또 지배적 위치에서도 낮은 위치라고 볼 수 없다. 반면 피고용인, 피감시자, 추종자는 권력의 정도나 지배적 위치 여부에서 볼 때 상대적으로 열악한 위치에 있는 이미지들이다.

따라서 시민에 대한 은유 이미지는 추종자보다는 협력자로서 더 강한 이미지를 보이면서, 동시에 시민을 정부에 대응하는 관계로 볼 때 정부보다 권력의 정도가 낮거나 지배를 받는 위치에 있는 이미지라기보다는 권력의 정도가 적어도 낮지는 않고 또 협력 혹은 적어도 지배적 위치관계에서 열악한 위치에 있지는 않은 이미지가 더 강하게 나타나고 있음을 알 수 있다. 이는 응답자인 대학생 스스로가 시민이라는 점에서 민주화된 사회에서 시민이 정부로부터 단순히 감시를 받거나 추종하는 이미지라기보다는, 정부와 협력하고 오히려 주인으로서 정부를 감시하는 모습을 더 현실적인 것으로 인식하고 있음을 보여주는 결과이다. 이러한 결과는 비단 대학생에게만 한정된 것이지만은 않을 것으로 예상한다. 시민으로서 다른 집단 혹은 개인들에게도 유사한 결과가 나타나지 않을까 예상된다.[6]

---

6 이는 후속연구의 주제가 될 수 있다.

그런데, 여기서 한 가지 눈여겨 볼 점이 있다. 상대적으로 가장 낮은 인식 점수를 보이는 은유 이미지인 추종자로서 은유 이미지의 점수가 11점 척도 점수에서 평균적으로 3.84점 정도의 위치에 있다는 사실이다. 단순히 상대적으로 가장 낮은 인식 점수라는 사실을 확인하는데서 나아가 추종자로서 은유 이미지도 여전히 우리에게 인지되고 있다는 것을 알려준다. 상대적인 차이는 있더라도 시민의 얼굴로서 추종자의 모습도 한 부분을 차지하고 있다. 따라서 13가지 이론적 얼굴 모두가 현실에서도 다양한 정도를 보이면서 내재화된 은유 이미지로 자리 잡고 있다는 것을 알 수 있다.

한편, 시민에 대한 은유 이미지를 인식하는 정도가 성별에 따라 차이가 있는지에 대해 분석하였다. 그 결과 시민은 피보호자라는 이미지를 제외하고는 성별에 따른 인식 점수의 통계적 차이는 존재하지 않는 것으로 나타났다.[7] 시민은 피보호자라는 이미지는 남성(5.74점)이 여성(5.15점)보다 상대적으로 유의미하게 더 높게 나타났다 ($t=2.146$, $df=292$, $p<0.05$). 남성이 여성보다 피보호자로서 시민의 은유 이미지를 더 높게 인지하고 있다. 하지만 대부분의 시민의 얼굴 모습은 남녀 간에 차이가 없이 인지되는 정도가 서로 유사하게 나타난다고 할 수 있다.[8]

---

7 고객으로서 얼굴(은유 이미지): $t=-0.110$, $df=293$, $p>0.05$, 감시자로서 얼굴: $t=0.536$, $df=293$, $p>0.05$, 지도자로서 얼굴: $t=0.965$, $df=291$, $p>0.05$, 피고용인으로서 얼굴: $t=-0.765$, $df=293$, $p>0.05$, 협력자로서 얼굴: $t=1.052$, $df=293$, $p>0.05$, 고용주로서 얼굴: $t=0.388$, $df=291$, $p>0.05$, 피감시자로서 얼굴: $t=-0.986$, $df=290$, $p>0.05$, 권위자로서 얼굴: $t=0.488$, $df=293$, $p>0.05$, 피규제자로서 얼굴: $t=0.578$, $df=292$, $p>0.05$, 주인으로서 얼굴: $t=1.587$, $df=292$, $p>0.05$, 순응자로서 얼굴: $t=0.409$, $df=290$, $p>0.05$, 추종자로서 얼굴: $t=-0.913$, $df=293$, $p>0.05$.

　응답자들에게 개별 이미지에 대한 인식 점수를 물어본 결과가 [표 2]와 같다면, 13개의 은유 이미지를 동시에 제시하고 상대적인 순위를 부여하도록 한 결과가 [표 3]이다. 개별 항목 체크에 대한 결과([표 2])와 여러 항목을 동시에 제시 한 후 순위를 부여하는 결과([표 3])가 동일하다면 조사 대상에 대한 응답자들의 강한, 혹은 일관성 있는 인식을 재차 확인해주기 때문에 이와 같은 설문도 진행하였다.

8　추가적으로 학년별로 각 이미지 인식 정도에 차이가 있는지에 대해 살펴본 결과, 시민은 고객이라는 이미지를 제외하고는 통계적으로 차이가 없었다. 시민은 고객이라는 이미지는 1학년(4.07)이 2학년(5.14)과 4학년(5.33)보다 상대적으로 유의미하게 낮게 나타났다($F=4.143$, $df=3,291$, $p<0.05$).

[표 3] 시민에 대한 은유 이미지의 평균 순위

시민에 대한 은유 이미지	평균 순위
시민과 정부 관계에서 시민은 협력자이다.	3.99
시민과 정부 관계에서 시민은 주인이다.	4.46
시민과 정부 관계에서 시민은 감시자이다.	5.13
시민과 정부 관계에서 시민은 고객이다.	5.88
시민과 정부 관계에서 시민은 피보호자이다.	6.44
시민과 정부 관계에서 시민은 지도자이다.	7.25
시민과 정부 관계에서 시민은 고용주이다.	7.40
시민과 정부 관계에서 시민은 피규제자이다.	7.75
시민과 정부 관계에서 시민은 권위자이다.	7.81
시민과 정부 관계에서 시민은 순응자이다.	7.88
시민과 정부 관계에서 시민은 피감시자이다.	8.45
시민과 정부 관계에서 시민은 피고용인이다.	8.64
시민과 정부 관계에서 시민은 추종자이다.	9.08

* 평균 순위 값은 상대적으로 부여된 순위(1위부터 13위)를 평균한 값으로서, 낮을수록 해당되는 이미지가 다른 이미지 보다 더 잘 부합되는 이미지라는 의미다.

순위 점수는 응답자들이 부여한 순위를 평균한 값이다. 상대적인 순위를 부여한 것이기 때문에 가장 순위가 낮은 것(1위)은 시민에 대한 이미지로서 가장 잘 부합된다고 인지하는 것을 의미한다. 다시 말해, 1위가 가장 잘 부합되는 이미지이고 13위가 상대적으로 가장 덜 부합되는 이미지라는 것이다. 응답자들은 은유 이미지들 중에서 시민의 얼굴로서 가장 적절하다고 생각되는 이미지일수록 1위를 부여하고 그 반대는 13위에 가깝게 순위를 부여한다. 평균 순위 값은 앞서 살펴본 인식 점수와 달리 그 값이 낮을 수록 시민의 얼굴로서 더 적절하다고 생각하는 이미지라는 의미다.

평균 순위 값의 결과를 보면 가장 낮은 값(가장 높은 순위) 즉, 상대적으로 시민의 이미지로서 가장 잘 부합된다고 여겨지는 얼굴은 협력자로서 시민(3.99위) 얼굴이다. 이어서 주인으로서 시민(4.46위), 감시자로서 시민(5.13위), 고객으로서 시민(5.88위), 피보호자로서 시민(6.44위), 지도자로서 시민(7.25위), 고용주로서 시민(7.40위), 피규제자로서 시민(7.75위), 권위자로서 시민(7.81위), 순응자로서 시민(7.88위), 피감시자로서 시민(8.45위), 피고용인으로서 시민(8.64위), 추종자로서 시민(9.08위) 순이다. 상대적으로 가장 높은 값(가장 낮은 순위)를 보인 것은 추종자로서 시민이며, 가장 낮은 값(가장 높은 순위)을 보인 협력자로서 시민 얼굴과 순위 값 차이는 5.09이다. 이러한 결과는 앞서 살펴본 시민에 대한 인식 점수의 결과와 상당히 유사하다.

[표 4]는 이를 보다 구체적으로 비교한 결과를 보여준다. 시민에 대한 은유 이미지의 인식 점수는 그 값이 높을 수록 더 잘 부합된다고 여기는 시민의 얼굴이고, 순위 값에 대한 결과는 그 반대이다.

그래서 높게 인식되는 시민의 얼굴을 동시에 나열해 보면, 그 순서
가 상당히 유사하다는 것을 알 수 있다. 가장 잘 부합되는 이미지나
가장 덜 부합된다고 여기는 이미지나 그 가운데 여러 이미지들도 거
의 대부분이 유사한 순으로 인식되고 있다고 할 수 있다. 따라서 시
민의 은유 이미지, 즉 시민이 어떠한 얼굴로 존재하는가에 대한 인
식은 개별 은유 이미지로 인식할 때나 모든 은유 이미지들의 상대적
인 순위로 인식할 때나 그 결과에는 큰 차이가 없다는 것을 알 수
있다.

[표 4] 시민에 대한 은유 이미지의 인식 점수와 평균 순위 비교

시민에 대한 은유 이미지	인식점수	시민에 대한 은유 이미지	평균순위
시민과 정부 관계에서 시민은 **협력자**이다.	6.35	시민과 정부 관계에서 시민은 **협력자**이다.	3.99
시민과 정부 관계에서 시민은 **주인**이다.	6.34	시민과 정부 관계에서 시민은 **주인**이다.	4.46
시민과 정부 관계에서 시민은 **감시자**이다.	6.11	시민과 정부 관계에서 시민은 **감시자**이다.	5.13
시민과 정부 관계에서 시민은 **피보호자**이다.	5.45	시민과 정부 관계에서 시민은 고객이다.	5.88
시민과 정부 관계에서 시민은 피규제자이다.	4.84	시민과 정부 관계에서 시민은 **피보호자**이다.	6.44
시민과 정부 관계에서 시민은 고객이다.	4.74	시민과 정부 관계에서 시민은 지도자이다.	7.25
시민과 정부 관계에서 시민은 고용주이다.	4.68	시민과 정부 관계에서 시민은 고용주이다.	7.40
시민과 정부 관계에서 시민은 지도자이다.	4.53	시민과 정부 관계에서 시민은 피규제자이다.	7.75
시민과 정부 관계에서 시민은 순응자이다.	4.25	시민과 정부 관계에서 시민은 권위자이다.	7.81
시민과 정부 관계에서 시민은 권위자이다.	4.20	시민과 정부 관계에서 시민은 순응자이다.	7.88
시민과 정부 관계에서 시민은 **피고용인**이다.	3.90	시민과 정부 관계에서 시민은 **피감시자**이다.	8.45
시민과 정부 관계에서 시민은 **피감시자**이다.	3.90	시민과 정부 관계에서 시민은 **피고용인**이다.	8.64
시민과 정부 관계에서 시민은 **추종자**이다.	3.84	시민과 정부 관계에서 시민은 **추종자**이다.	9.08

* 인식 점수는 개별 은유 이미지에 부여된 절대적인 점수를 평균한 값으로, 높을수록 해당되는 이미지에 더 부합된다는 의미다. 11점 척도가 사용되었다.
* 평균 순위 값은 상대적으로 부여된 순위(1위부터 13위)를 평균한 값으로서, 낮을수록 해당되는 이미지가 다른 이미지 보다 더 잘 부합되는 이미지라는 의미다.

3. 정부의 현실적 얼굴

시민과 정부 관계에서 정부에 대한 은유 이미지 결과는 [표 5]와 같다. 정부의 얼굴로 인지되는 이미지로 가장 높은 점수를 보인 것은 대리인으로서 정부 이미지(6.35점)이다. 개별 이미지를 제시했을 때 응답자들이 부여한 인식 점수 중 가장 높은 점수를 보인 정부의 얼굴이 대리인으로서 얼굴인 것이다. 이어서 협력자로서 정부(6.15점), 규제자로서 정부(6.00점), 보호자로서 정부(5.89점), 지도자로서 정부(5.22점), 권위자로서 정부(5.21점), 피감시자로서 정부(5.15점), 기업으로서 정부(4.86점), 피고용인으로서 정부(4.76점), 감시자로서 정부(4.60점), 고용주로서 정부(4.37점), 순응자로서 정부(3.85점), 추종자로서 정부(3.81점)의 이미지 순이다. 추종자로서 은유 이미지는 상대적으로 다른 이미지들보다 응답자들에게 그 정도가 낮게 자리 잡고 있다. 이 은유 이미지는 대리인으로서 이미지와 비교할 때 2.54점의 차이를 보인다.

[표 5] 정부에 대한 은유 이미지의 인식 점수

정부에 대한 은유 이미지	인식 점수
시민과 정부 관계에서 정부는 대리인이다.	6.35
시민과 정부 관계에서 정부는 협력자이다.	6.15
시민과 정부 관계에서 정부는 규제자이다.	6.00
시민과 정부 관계에서 정부는 보호자이다.	5.89
시민과 정부 관계에서 정부는 지도자이다.	5.22
시민과 정부 관계에서 정부는 권위자이다.	5.21
시민과 정부 관계에서 정부는 피감시자이다.	5.15
시민과 정부 관계에서 정부는 기업이다.	4.86
시민과 정부 관계에서 정부는 피고용인이다.	4.76
시민과 정부 관계에서 정부는 감시자이다.	4.60
시민과 정부 관계에서 정부는 고용주이다.	4.37
시민과 정부 관계에서 정부는 순응자이다.	3.85
시민과 정부 관계에서 정부는 추종자이다.	3.81

* 인식 점수는 개별 은유 이미지에 부여된 절대적인 점수를 평균한 값으로, 높을수록 해당되는 이미지에 더 부합된다는 의미다. 11점 척도가 사용되었다.

이러한 결과는 시민에 대한 은유 이미지 점수 결과와 상당히 유사하다. 협력자로서 정부 얼굴은 두 번째에 위치하고 있는데, 시민으로서 얼굴에서처럼 상위에 위치하고 있다. 협력자로서 시민이나 정부의 이미지는 각각에서 모두 강하게 나타나고 있는 것이다. 이와 함께 추종자로서 시민이나 정부의 얼굴은 각각 모두에서 가장 낮게 위치하고 있다.

이처럼 협력자로서 이미지가 추종자로서 이미지보다 확연한 차이로 높은 점수를 보이는 것도 그렇고, 이 두 이미지 이외에도 비교적 높은 점수를 보이는 이미지들과 낮은 점수를 보이는 이미지들 간에 뚜렷한 차이를 보이는 것도 유사한 결과다. 즉, 6점대의 점수를 보이는 대리인, 협력자, 규제자로서 이미지는 비교적 낮은 점수인 3점대의 이미지인 순응자와 추종자의 이미지에 비해 권력성이나 지배성에서 최소한 열악한 위치에 있는 이미지는 아니다. 시민에 대한 얼굴 조사 결과와 동일하다. 반면, 순응자나 추종자의 이미지는 상대에 비해 권력의 정도가 낮고 피지배적인 성향을 더 드러내는 이미지들이다. 이 역시 시민에 대한 은유 이미지 조사 결과와 동일하다. 응답자들에게 시민과 정부 관계에서 정부의 이미지가 상대에 대해 순응하거나 추종하는 이미지보다는 최소한 권력성이나 지배성이 더 낮지는 않은 이미지로 내재화되어 있다고 볼 수 있다.

그리고 여기서도 한 가지 눈여겨 볼 것은, 시민에 대한 은유 이미지에서와 마찬가지로 정부에 대한 은유 이미지에서도 정부가 순응자이거나 추종자라는 이미지가 설사 상대적으로 강하게 인지되는 것은 아니더라도 11점 척도에서 3점대 후반의 점수만큼은 인지되고 있다는 사실이다. 하위에 위치한 정부의 얼굴도 엄연히 현실에서 인식되고 있는 얼굴인 것이다.

한편, 여기서도 정부에 대한 은유 이미지를 인식하는 정도가 성별에 따라 차이가 있는지에 대해 분석한 결과, 정부는 기업이라는 이미지와 정부는 순응자라는 이미지에서 유의미하게 나타났다. 정부가 기업이라는 이미지는 여성(5.30점)이 남성(4.57점)보다 상대적으로 유의미하게 더 높게 나타났고(t=−2.647, df=293, p<0.05), 정부가 순응자라는 이미지는 남성(4.02점)이 여성(3.50점)보다 상대적으로 유의미하게 더 높게 나타났다(t=2.225, df=294, p<0.05). 그 이외의 이미지에 대한 성별 차이는 통계적으로 유의미하지 않았다.[9] 따라서 정부의 얼굴들 중에서 기업과 순응자로서 얼굴 이외에는 남녀 간에 인식의 정도 차이는 없다고 할 수 있다.

정부의 은유 이미지에 대해서도 응답자들에게 개별 이미지에 대한 인식 점수 이외에 13개의 은유 이미지를 동시에 제시하고 상대적인 순위를 부여하도록 하였다. 그 결과가 [표 6]이다. 순위를 부여하는 것이기 때문에 가장 높은 순위는 곧 가장 낮은 평균 순위 값을

---

9 감시자로서 얼굴(은유 이미지): t=−0.645, df=294, p>0.05, 지도자로서 얼굴: t=1.273, df=294, p>0.05, 피고용인으로서 얼굴: t=0.868, df=293, p>0.05, 협력자로서 얼굴: t=1.810, df=294, p>0.05, 고용주로서 얼굴: t=−0.806, df=294, p>0.05, 피감시자로서 얼굴: t=0.967, df=293, p>0.05, 권위자로서 얼굴: t=−0.546, df=294, p>0.05, 규제자로서 얼굴: t=−0.413, df=293, p>0.05, 대리인으로서 얼굴: t=0.710, df=294, p>0.05, 보호자로서 얼굴: t=1.246, df=294, p>0.05, 추종자로서 얼굴: t=2.222, df=294, p>0.05. 한편, 이와 함께 여기서도 추가적으로 각 이미지를 인식하는 정도가 학년별로 차이가 있는지에 대해 분석한 결과, 정부는 순응자라는 이미지를 제외하고는 차이가 없었다. 정부는 순응자라는 이미지는 1학년(3.37)이 2학년(4.30)보다 상대적으로 유의미하게 낮게 나타났다(F=4.255, df=3,292, p<0.05).

가지게 되므로, 대리인으로서 정부 얼굴(4.54위)이 가장 강하게 인지
되고 있고 그 반대의 끝은 추종자로서 얼굴(9.45위)이다. 그 사이에
는 협력자로서 정부(4.82위), 보호자로서 정부(4.83위), 규제자로서 정
부(5.42위), 지도자로서 정부(6.18위), 권위자로서 정부(6.83위), 기업으
로서 정부(7.19위), 감시자로서 정부(7.69위), 피감시자로서 정부(7.93
위), 고용주로서 정부(8.10위), 피고용인으로서 정부(8.16위), 순응자로
서 정부(9.09위) 순으로 나타났다. 대리인으로 정부 얼굴과 추종자로
서 정부 얼굴의 평균 순위 값 차이는 4.91이다. 이러한 순서는 정부
의 얼굴에 대한 인식 점수에서도 동일하게 나타난 결과다.

[표 6] 정부에 대한 은유 이미지의 평균 순위

정부에 대한 은유 이미지	평균 순위
시민과 정부 관계에서 정부는 대리인이다.	4.54
시민과 정부 관계에서 정부는 협력자이다.	4.82
시민과 정부 관계에서 정부는 보호자이다.	4.83
시민과 정부 관계에서 정부는 규제자이다.	5.42
시민과 정부 관계에서 정부는 지도자이다.	6.18
시민과 정부 관계에서 정부는 권위자이다.	6.83
시민과 정부 관계에서 정부는 기업이다.	7.19
시민과 정부 관계에서 정부는 감시자이다.	7.69
시민과 정부 관계에서 정부는 피감시자이다.	7.93
시민과 정부 관계에서 정부는 고용주이다.	8.10
시민과 정부 관계에서 정부는 피고용인이다.	8.16
시민과 정부 관계에서 정부는 순응자이다.	9.09
시민과 정부 관계에서 정부는 추종자이다.	9.45

* 평균 순위 값은 상대적으로 부여된 순위(1위부터 13위)를 평균한 값으로서, 낮을수록 해당되는 이미지가 다른 이미지 보다 더 잘 부합되는 이미지라는 의미다.

정부에 대한 은유 이미지의 인식 점수와 평균 순위를 동시에 비교한 것이 [표 7]이다. 정부에 대한 얼굴은 개별 이미지로 제시할 때 인식되는 정도나, 여러 얼굴들을 동시에 제시하여 상대적인 순위에 기초해서 인식되는 정도는 서로 유사하다는 것을 알 수 있다. 따라서 정부의 얼굴은 대리인이나 협력자 등으로 강하게 이미지화되어 있는 반면 순응자나 추종자로서는 상대적으로 덜 이미지화되어 있다고 할 수 있다.

[표 7] 정부에 대한 은유 이미지의 인식 점수와 평균 순위 비교

정부에 대한 은유 이미지	인식점수	정부에 대한 은유 이미지	평균순위
시민과 정부 관계에서 정부는 **대리인**이다.	6.35	시민과 정부 관계에서 정부는 **대리인**이다.	4.54
시민과 정부 관계에서 정부는 **협력자**이다.	6.15	시민과 정부 관계에서 정부는 **협력자**이다.	4.82
시민과 정부 관계에서 정부는 **규제자**이다.	6.00	시민과 정부 관계에서 정부는 **보호자**이다.	4.83
시민과 정부 관계에서 정부는 **보호자**이다.	5.89	시민과 정부 관계에서 정부는 **규제자**이다.	5.42
시민과 정부 관계에서 정부는 지도자이다.	5.22	시민과 정부 관계에서 정부는 지도자이다.	6.18
시민과 정부 관계에서 정부는 권위자이다.	5.21	시민과 정부 관계에서 정부는 권위자이다.	6.83
시민과 정부 관계에서 정부는 피감시자이다.	5.15	시민과 정부 관계에서 정부는 기업이다.	7.19
시민과 정부 관계에서 정부는 기업이다.	4.86	시민과 정부 관계에서 정부는 감시자이다.	7.69
시민과 정부 관계에서 정부는 피고용인이다.	4.76	시민과 정부 관계에서 정부는 피감시자이다.	7.93
시민과 정부 관계에서 정부는 감시자이다.	4.60	시민과 정부 관계에서 정부는 고용주이다.	8.10
시민과 정부 관계에서 정부는 고용주이다.	4.37	시민과 정부 관계에서 정부는 피고용인이다.	8.16
시민과 정부 관계에서 정부는 **순응자**이다.	3.85	시민과 정부 관계에서 정부는 **순응자**이다.	9.09
시민과 정부 관계에서 정부는 **추종자**이다.	3.81	시민과 정부 관계에서 정부는 **추종자**이다.	9.45

* 인식 점수는 개별 은유 이미지에 부여된 절대적인 점수를 평균한 값으로, 높을수록 해당되는 이미지에 더 부합된다는 의미다. 11점 척도가 사용되었다.
* 평균 순위 값은 상대적으로 부여된 순위(1위부터 13위)를 평균한 값으로서, 낮을수록 해당되는 이미지가 다른 이미지 보다 더 잘 부합되는 이미지라는 의미다.

4. 시민과 정부의 현실적 얼굴 비교

시민과 정부 관계에서 시민과 정부 각각의 은유 이미지들이 개별적(인식 점수) 혹은 동시에(평균 순위 값) 제시될 때 응답자들이 어떻게 인지하는지에 대한 결과는 시민과 정부에 대한 이론적 얼굴의 현실 구현의 모습을 보여준다. 우선, 시민과 정부 각각의 은유 이미지에 대해 지니고 있는 응답자들의 인식 결과를 함께 보여주는 것이 [표 8]이다. 은유 이미지들이 개별적으로 제시되었을 때 시민 혹은 정부의 얼굴에 보다 더 가깝다고 인식한 정도를 점수화한 결과다. 이를 보면 몇 가지 특징을 발견할 수 있다.

[표 8] 시민과 정부에 대한 은유 이미지 비교: 인식 점수

시민에 대한 은유 이미지	인식점수	정부에 대한 은유 이미지	인식점수
시민과 정부 관계에서 시민은 **협력자**이다.	6.35	시민과 정부 관계에서 정부는 **대리인**이다.	6.35
시민과 정부 관계에서 시민은 **주인**이다.	6.34	시민과 정부 관계에서 정부는 **협력자**이다.	6.15
시민과 정부 관계에서 시민은 감시자이다.	6.11	시민과 정부 관계에서 정부는 규제자이다.	6.00
시민과 정부 관계에서 시민은 **피보호자**이다.	5.45	시민과 정부 관계에서 정부는 **보호자**이다.	5.89
시민과 정부 관계에서 시민은 피규제자이다.	4.84	시민과 정부 관계에서 정부는 지도자이다.	5.22
시민과 정부 관계에서 시민은 고객이다.	4.74	시민과 정부 관계에서 정부는 권위자이다.	5.21
시민과 정부 관계에서 시민은 고용주이다.	4.68	시민과 정부 관계에서 정부는 피감시자이다.	5.15
시민과 정부 관계에서 시민은 지도자이다.	4.53	시민과 정부 관계에서 정부는 기업이다.	4.86
시민과 정부 관계에서 시민은 순응자이다.	4.25	시민과 정부 관계에서 정부는 피고용인이다.	4.76
시민과 정부 관계에서 시민은 권위자이다.	4.20	시민과 정부 관계에서 정부는 감시자이다.	4.60
시민과 정부 관계에서 시민은 피고용인이다.	3.90	시민과 정부 관계에서 정부는 고용주이다.	4.37
시민과 정부 관계에서 시민은 피감시자이다.	3.90	시민과 정부 관계에서 정부는 순응자이다.	3.85
시민과 정부 관계에서 시민은 **추종자**이다.	3.84	시민과 정부 관계에서 정부는 **추종자**이다.	3.81

* 인식 점수는 개별 은유 이미지에 부여된 절대적인 점수를 평균한 값으로, 높을수록 해당되는 이미지에 더 부합된다는 의미다. 11점 척도가 사용되었다.

그 특징 첫 번째는, 시민이나 정부의 여러 얼굴(은유 이미지)들에 대한 응답자들의 인식 정도의 전체 폭이 비슷하다는 점이다. 즉, 상대적으로 가장 높은 점수로 인지되고 있는 은유 이미지 점수와 가장 낮은 점수로 인지되고 있는 은유 이미지 점수가 상당히 유사하다. 모두 6.35에서 약 3.8 정도에 위치하고 있다.

둘째, 몇몇 은유 이미지들의 점수가 비슷하다는 점도 특징적이다. 예컨대, 협력자로서 시민 이미지나 협력자로서 정부 이미지는 모두 높은 점수를 보이고 있는 반면 추종자로서 이미지는 둘 모두에서 가장 낮게 인지되고 있다. 동일한 얼굴에 대한 인지점수의 수준이 서로 비슷하다.

셋째, 은유 이미지를 도출하는 이론적 배경에서 논의한 바와 같이 대응 관계에 있기 때문에 함께 논의한 은유 이미지들 중 일부가 비교적 높은 점수대에서 양쪽 대상의 이미지로 각각 자리 잡고 있다는 점이다. 두 번째 특징으로 언급한 협력자로서 시민과 정부 이미지가 함께 높은 점수를 보이고 있고, 시민으로서 주인 이미지와 대리인으로서 정부 이미지도 각각 높은 점수에 위치하고 있다. 또 피보호자로서 시민 이미지와 보호자로서 정부 이미지도 비교적 높은 점수로 각각의 대상에 대한 이미지로 인지되고 있다. 피규제자로서 시민 이미지와 규제자로서 정부 이미지도 어느 정도 높은 인지로 각각 위치하고 있다.

넷째, 인식 점수의 높고 낮은 정도를 떠나서 대체로 이론적으로 대응되는 각각의 은유 이미지가 서로 유사한 정도로 인지되고 있다.

다시 말해, 시민에 대한 협력자로서 이미지부터 추종자로서 이미지 사이와 정부에 대한 대리인으로서 이미지부터 추종자로서 이미지까지 서로 대응되는 이미지들이 비슷한 인식 수준으로 위치하고 있는 것이다. 이는 두 가지 정보를 알려준다. 하나는 이론적으로 논의되는 시민과 정부의 대응 얼굴이 현실에서도 비슷하게 대응되면서 인식되고 있다는 것을 보여준다. 또 다른 하나는 비록 이론적 얼굴이나 현실적 얼굴이 비슷하게 대응되기는 해도 현실에서는 더 강하게 부합되는 대응 관계의 은유 이미지가 있는가 하면 상대적으로 낮게 인식 되는 대응관계의 은유 이미지도 있다는 점이다.

시민과 정부에 대한 각각의 은유 이미지들을 모두 제시하고 상대적인 순위를 부여하도록 한 평균 순위 값의 결과는 [표 9]와 같다. 이 결과는 보면 평균 순위로 조사되었다는 점에서 그 값을 점수가 아닌 순위로 이해하는 것만 다를 뿐이지, 응답자들이 개별 이미지를 제시하였을 때 보인 인식 패턴과 상당히 유사하다는 것을 알 수 있다. 이 결과는 시민과 정부에 대한 얼굴로서 여겨지는 은유 이미지가 일정한 특징을 지닌다는 점을 추가적으로 강력하게 보여주는 증거가 된다. 개별적으로 제시된 이미지에 대한 인지와 여러 이미지들이 동시에 제시되어 순위를 통해 인지하는 것이나 거의 유사한 결과가 나왔기 때문이다. 인지의 일관성과 결과의 신뢰성을 보여주는 것이다.

[표 9] 시민과 정부에 대한 은유 이미지 비교: 평균 순위

시민에 대한 은유 이미지	평균순위	정부에 대한 은유 이미지	평균순위
시민과 정부 관계에서 시민은 **협력자**이다.	3.99	시민과 정부 관계에서 정부는 **대리인**이다.	4.54
시민과 정부 관계에서 시민은 **주인**이다.	4.46	시민과 정부 관계에서 정부는 **협력자**이다.	4.82
시민과 정부 관계에서 시민은 감시자이다.	5.13	시민과 정부 관계에서 정부는 **보호자**이다.	4.83
시민과 정부 관계에서 시민은 고객이다.	5.88	시민과 정부 관계에서 정부는 규제자이다.	5.42
시민과 정부 관계에서 시민은 **피보호자**이다.	6.44	시민과 정부 관계에서 정부는 지도자이다.	6.18
시민과 정부 관계에서 시민은 지도자이다.	7.25	시민과 정부 관계에서 정부는 권위자이다.	6.83
시민과 정부 관계에서 시민은 고용주이다.	7.40	시민과 정부 관계에서 정부는 기업이다.	7.19
시민과 정부 관계에서 시민은 피규제자이다.	7.75	시민과 정부 관계에서 정부는 감시자이다.	7.69
시민과 정부 관계에서 시민은 권위자이다.	7.81	시민과 정부 관계에서 정부는 피감시자이다.	7.93
시민과 정부 관계에서 시민은 순응자이다.	7.88	시민과 정부 관계에서 정부는 고용주이다.	8.10
시민과 정부 관계에서 시민은 피감시자이다.	8.45	시민과 정부 관계에서 정부는 피고용인이다.	8.16
시민과 정부 관계에서 시민은 피고용인이다.	8.64	시민과 정부 관계에서 정부는 순응자이다.	9.09
시민과 정부 관계에서 시민은 **추종자**이다.	9.08	시민과 정부 관계에서 정부는 **추종자**이다.	9.45

* 평균 순위 값은 상대적으로 부여된 순위(1위부터 13위)를 평균한 값으로서, 낮을수록 해당되는 이미지가 다른 이미지 보다 더 잘 부합되는 이미지라는 의미다.

　　여기에 더해 시민과 정부 각각의 은유 이미지에 대한 인식 정도
뿐 아니라, 시민과 정부의 관계에 대응되는 은유 이미지를 그대로
대응해서 제시했을 때 응답자들이 어떻게 인지하고 있는지에 대해서
도 알아본다면 이론적 얼굴의 현실 구현의 모습을 더 잘 이해할 수
있다. 만일 시민과 정부 각각의 은유 이미지를 조사한 결과와 유사
하게 나온다면 시민과 정부에 대한 얼굴 특징은 보다 더 선명해 질
수 있다. 그것을 알 수 있는 것이 [표 10]과 [표 11]이다.

[표 10] 시민과 정부 관계에 대한 은유 이미지의 인식 점수

시민과 정부 관계에 대한 은유 이미지	인식 점수
시민과 정부 관계에서 시민과 정부는 서로 협력자이다.	6.93
시민과 정부 관계에서 시민은 주인이고 정부는 대리인이다.	6.43
시민과 정부 관계에서 시민은 피보호자이고 정부는 보호자이다.	6.06
시민과 정부 관계에서 시민은 피규제자이고 정부는 규제자이다.	5.76
시민과 정부 관계에서 시민은 감시자이고 정부는 피감시자이다.	5.56
시민과 정부 관계에서 시민은 고객이고 정부는 기업이다.	4.99
시민과 정부 관계에서 시민은 고용주이고 정부는 피고용인이다.	4.83
시민과 정부 관계에서 시민은 추종자이고 정부는 지도자이다.	4.73
시민과 정부 관계에서 시민은 순응자이고 정부는 권위자이다.	4.71
시민과 정부 관계에서 시민은 피감시자이고 정부는 감시자이다.	4.37
시민과 정부 관계에서 시민은 피고용인이고 정부는 고용주이다.	4.29
시민과 정부 관계에서 시민은 권위자이고 정부는 순응자이다.	3.93
시민과 정부 관계에서 시민은 지도자이고 정부는 추종자이다.	3.85

* 인식 점수는 개별 은유 이미지에 부여된 절대적인 점수를 평균한 값으로, 높을수록 해당되는 이미지에 더 부합된다는 의미다. 11점 척도가 사용되었다.

시민과 정부 관계에서 대응되는 은유 이미지를 함께 제시했을 때 가장 높은 점수를 보인 것은 시민과 정부가 협력자라는 이미지다. 6.93점이다. 이어서 시민은 주인이고 정부는 대리인이라는 이미지(6.43점), 시민은 피보호자이고 정부는 보호자라는 이미지(6.06점), 시민은 피규제자이고 정부는 규제자라는 이미지(5.76점), 시민은 감시자이고 정부는 피감시자라는 이미지(5.56점), 시민은 고객이고 정부는 기업이라는 이미지(4.99점), 시민은 고용주이고 정부는 피고용인이라는 이미지(4.83점), 시민은 추종자이고 정부는 지도자라는 이미지(4.73점), 시민은 순응자이고 정부는 권위자라는 이미지(4.71점), 시민은 피감시자이고 정부는 감시자라는 이미지(4.37점), 시민은 피고용인이고 정부는 고용주라는 이미지(4.29점), 시민은 권위자이고 정부는 순응자라는 이미지(3.93점), 시민은 지도자이고 정부는 추종자라는 이미지(3.85점)이다.

이 결과는 시민과 정부 관계에서 시민과 정부 각각의 얼굴에 대한 조사 결과와 여러 면에서 유사하다. 높은 점수대에 해당되는 은유 이미지와 낮은 점수대에 해당되는 은유 이미지가 서로 유사한 것도 그렇고, 전체 점수의 폭도 크게 차이나지 않는다. [표 8]과 [표 10]을 함께 보면 확인되는데, 시민과 정부 각각의 은유 이미지나 둘의 대응 관계의 은유 이미지나 그 결과가 크게 다르지 않다. 그리고 여기서도 한 가지 눈여겨 볼 것은, 비록 가장 낮은 인식점수를 보이는 이미지라고 하더라도 엄연히 현실에서 인지되고 있는 이미지가 있다는 것이다. 그 값에서 알 수 있는데, 0점이 아니라 3.85점 정도로는 인지되고 있다.

[표 11] 시민과 정부 관계에 대한 은유 이미지의 평균 순위

시민과 정부 관계에 대한 은유 이미지	평균 순위
시민과 정부 관계에서 시민과 정부는 서로 협력자이다.	4.02
시민과 정부 관계에서 시민은 주인이고 정부는 대리인이다.	4.55
시민과 정부 관계에서 시민은 피보호자이고 정부는 보호자이다.	5.28
시민과 정부 관계에서 시민은 피규제자이고 정부는 규제자이다.	6.11
시민과 정부 관계에서 시민은 감시자이고 정부는 피감시자이다.	6.61
시민과 정부 관계에서 시민은 고객이고 정부는 기업이다.	7.05
시민과 정부 관계에서 시민은 순응자이고 정부는 권위자이다.	7.61
시민과 정부 관계에서 시민은 추종자이고 정부는 지도자이다.	7.63
시민과 정부 관계에서 시민은 고용주이고 정부는 피고용인이다.	7.68
시민과 정부 관계에서 시민은 피감시자이고 정부는 감시자이다.	7.97
시민과 정부 관계에서 시민은 피고용인이고 정부는 고용주이다.	8.28
시민과 정부 관계에서 시민은 권위자이고 정부는 순응자이다.	8.79
시민과 정부 관계에서 시민은 지도자이고 정부는 추종자이다.	8.87

* 평균 순위 값은 상대적으로 부여된 순위(1위부터 13위)를 평균한 값으로서, 낮을수록 해당되는 이미지가 다른 이미지 보다 더 잘 부합되는 이미지라는 의미다.

[표 11]은 시민과 정부의 대응 관계의 얼굴들을 모두 제시해서 순위를 부여한 결과다. 순위 값이기 때문에 낮은 값이 가장 높은 인식 정도를 보인다는 의미다. 가장 인식 정도가 높게 나타난 것은 시민과 정부는 서로 협력자라는 이미지다. 순위 값의 평균으로 약 4.02위다. 이어서 시민은 주인이고 정부는 대리인이라는 이미지(4.55위), 시민은 피보호자이고 정부는 보호자라는 이미지(5.28위), 시민은 피규제자이고 정부는 규제자라는 이미지(6.11위), 시민은 감시자이고 정부는 피감시자라는 이미지(6.61위), 시민은 고객이고 정부는 기업이라는 이미지(7.05위), 시민은 순응자이고 정부는 권위자라는 이미지(7.61위), 시민은 추종자이고 정부는 지도자라는 이미지(7.63위), 시민은 고용주이고 정부는 피고용인이라는 이미지(7.68위), 시민은 피감시자이고 정부는 감시자라는 이미지(7.97위), 시민은 피고용인이고 정부는 고용주라는 이미지(8.28위), 시민은 권위자이고 정부는 순응자라는 이미지(8.79위), 시민은 지도자이고 정부는 추종자라는 이미지(8.87위)이다. 순위로 조사한 이러한 결과도 앞의 결과들과 크게 다르지 않다.

시민과 정부 관계의 대응 되는 얼굴이 개별적으로 제시되었을 때의 결과와 모든 얼굴들이 동시에 제시되었을 때의 평균 순위 값을 비교한 것이 [표 12]다. 이 역시 앞의 결과들과 큰 차이가 없다.

시민에 대한 얼굴 조사 결과, 정부에 대한 얼굴 조사 결과, 시민과 정부 관계의 대응되는 얼굴 조사 결과 모두가 유사하고, 또 각 조사별로 인식 점수와 순위 값을 비교했을 때도 마찬가지다. 총 6가지의 결과가 유사하다는 것은 그 자체가 강력한 증거가 된다. 따라서 시민과 정부의 얼굴은 분명 일정한 특징과 패턴이 있다는 점을 강하게 보여준다.

[표 12] 시민과 정부 관계에 대한 은유 이미지의 인식 점수와 평균 순위 비교

시민과 정부 관계에 대한 은유 이미지	인식점수	시민과 정부 관계에 대한 은유 이미지	평균순위
시민과 정부 관계에서 시민과 정부는 서로 협력자이다.	6.93	시민과 정부 관계에서 시민과 정부는 서로 협력자이다.	4.02
시민과 정부 관계에서 시민은 주인이고 정부는 대리인이다.	6.43	시민과 정부 관계에서 시민은 주인이고 정부는 대리인이다.	4.55
시민과 정부 관계에서 시민은 피보호자이고 정부는 보호자이다.	6.06	시민과 정부 관계에서 시민은 피보호자이고 정부는 보호자이다.	5.28
시민과 정부 관계에서 시민은 피규제자이고 정부는 규제자이다.	5.76	시민과 정부 관계에서 시민은 피규제자이고 정부는 규제자이다.	6.11
시민과 정부 관계에서 시민은 감시자이고 정부는 피감시자이다.	5.56	시민과 정부 관계에서 시민은 감시자이고 정부는 피감시자이다.	6.61
시민과 정부 관계에서 시민은 고객이고 정부는 기업이다.	4.99	시민과 정부 관계에서 시민은 고객이고 정부는 기업이다.	7.05
시민과 정부 관계에서 시민은 고용주이고 정부는 피고용인이다.	4.83	시민과 정부 관계에서 시민은 순응자이고 정부는 권위자이다.	7.61
시민과 정부 관계에서 시민은 추종자이고 정부는 지도자이다.	4.73	시민과 정부 관계에서 시민은 추종자이고 정부는 지도자이다.	7.63
시민과 정부 관계에서 시민은 순응자이고 정부는 권위자이다.	4.71	시민과 정부 관계에서 시민은 고용주이고 정부는 피고용인이다.	7.68
시민과 정부 관계에서 시민은 피감시자이고 정부는 감시자이다.	4.37	시민과 정부 관계에서 시민은 피감시자이고 정부는 감시자이다.	7.97
시민과 정부 관계에서 시민은 피고용인이고 정부는 고용주이다.	4.29	시민과 정부 관계에서 시민은 피고용인이고 정부는 고용주이다.	8.28
시민과 정부 관계에서 시민은 권위자이고 정부는 순응자이다.	3.93	시민과 정부 관계에서 시민은 권위자이고 정부는 순응자이다.	8.79
시민과 정부 관계에서 시민은 지도자이고 정부는 추종자이다.	3.85	시민과 정부 관계에서 시민은 지도자이고 정부는 추종자이다.	8.87

* 인식 점수는 개별 은유 이미지에 부여된 절대적인 점수를 평균한 값으로, 높을수록 해당되는 이미지에 더 부합된다는 의미. 11점 척도가 사용되었다.
* 평균 순위 값은 상대적으로 부여된 순위(1위부터 13위)를 평균한 값으로서, 낮을수록 해당되는 이미지가 다른 이미지 보다 더 잘 부합되는 이미지라는 의미.

제 6 장

시민과 정부 얼굴들의 밑바탕 요인 3개

제6장

시민과 정부 얼굴들의 밑바탕 요인 3개

1. 보조적인 탐색

시민과 정부의 13가지 얼굴들이 현실에서 인지되고 있는 정도의 차이는 있더라도 여전히 그 모든 얼굴들은 우리에게 내재되어 있는 이미지들이다. 인식 점수나 평균 순위 값을 보면 가장 낮은 점수 혹은 가장 낮은 순위를 보이는 이미지라고 하더라도 그 정도가 전혀 인지되지 않는다고 말 할 정도는 아니다. 어느 얼굴이 현실에서 더 잘 부합되는 것으로 인지되고 있는지를 살펴볼 때는 이미지 간 인식 정도 차이가 중요하지만, 13개의 얼굴이 어느 하나 빠짐없이 그대로 존재하는 현실을 감안할 때 이러한 궁금증이 들기도 한다. "이 13개의 얼굴들이 제 각각으로 존재할 수도 있지만 한편으로는 각각의 얼굴들의 밑바탕을 이루는 것은 없을까?"

최소노력의 원칙(principle of least effort)에 따라 행동하는 인간의 속성을 고려하면, 우리는 이 궁금증이 더 클 수도 있다. 일반적으로 인간은 어떤 일을 할 때 되도록 최소의 노력이 드는 방안을 찾으려고 하는 본능적 성향을 지니고 있다.[1] 힘과 에너지가 소모되는 노력을 최소화한다는 것이다. 그래서 어떤 대상에 대한 인지과정에서도 보다 손쉽게 직관적으로 인식해버리는 것을 더 선호한다. 그렇게 하는 것이 더 편하고 인지부담을 덜어주는 방법이기 때문이다. 실제로 우리는 시민과 정부의 얼굴을 간략히 그리고 신속하게 직관적으로 인식해서 대화하기를 더 원하기도 한다. 구체성과 선명한 얼굴로서 표현은 되지 않더라도 대화의 수월성을 높이고 인지부담을 줄여줘서 의사소통의 효율성을 높여주기 때문이다. 일상에서는 설사 어렴풋해도 의사소통을 가능하게 하는 정도라면 큰 문제가 없다고 여긴다. 그리고 지나치게 세세한 구분에서 오는 피로감도 덜한 면도 있고, 시민과 정부 얼굴에 대한 대략적인 합의도 상대적으로 쉽게 이루어질 가능성이 높다.

그런 점에서 시민과 정부의 구체적인 13개의 얼굴을 살펴보는 것과 비교하면 이는 포괄적으로 시민과 정부의 얼굴을 탐색하는 것이다. 이렇게 탐색하는 한 방법은 13개 얼굴들의 밑바탕에 있는 공통 요인(common factor)을 찾아서 나타내는 것이다. 공통 요인은 한 개만 존재한다는 것을 의미하지는 않는다. 때로는 2개, 3개, 그 이상이 되기도 한다. 13개 얼굴들을 이런 몇 개의 공통 요인으로 묶기 때문에 결국 13개 보다는 더 적은 개수의 얼굴로 표현된다. 그래서 13개로 구분된 얼굴보다는 더 포괄적인 얼굴로 나타나는 것이다. 이

---

1 Kunkel, Vicki(2009). 박혜원 옮김, 『본능의 경제학』, 사이, pp.118~121.

는 곧 앞서 말한 대로 시민과 정부 얼굴의 구체성과 선명성이 상대적으로 덜하게 되는 이유이면서 동시에, 많지 않은 얼굴들로 인지하기 때문에 비교적 수월하고 직관적으로 인식하는데 도움을 주게 되는 이유이다.

그런데 분명히 밝혀 둘 점은, 이 책은 시민과 정부의 13개의 얼굴을 찾아서 현실에서 어떻게 인지되고 있는지를 살펴보는데 초점을 두고 있다. 포괄적인 이미지보다도 구체적인 이미지들로 시민과 정부의 얼굴을 찾는 것이 핵심인 것이다. 따라서 13개의 시민과 정부 얼굴들의 밑바탕에 있는 공통 요인을 찾는 것은 13개 얼굴이 주는 정보에 보조적인 역할을 한다고 보면 된다. 사실, 포괄적인 이미지로 나타낸 시민과 정부의 얼굴은 인지부담 없이 쉽게 와닿는 만큼 새로움은 덜 하다. 더 새로운 것은 13개의 얼굴들을 찾고 그 얼굴들이 어느 정도로 인지되고 있는지에 관한 것이다. 이 책은 이 점에 중점을 두고 있다. 따라서 이번 장은 시민과 정부의 13가지 얼굴을 탐색한 앞의 장들에 대한 보조적인 정보를 주는 역할을 하는 것으로 이해하면 된다. 때로는 손쉽게 사용될 수 있는 시민과 정부 얼굴의 공통요인들이기도 해서 유용한 것은 분명하므로 이 장에서 살펴보는 것이다.

이를 위해서 요인분석(factor analysis) 방법을 사용하였다. 요인분석은 여러 변수들 간의 관계를 분석해서 변수들의 밑바탕에 놓여있는 공통요인(common factor)을 찾아내는 통계분석의 한 방법이다. 변수들의 토대를 이루는 요인을 발견하는 요인분석을 하는 목적은 다수의 변수들의 정보손실을 최소화하면서 소수의 요인들로 축약하기 위함이다. 이 책에서는 탐색적 요인분석(exploratory factor analysis)을 실시하였고,[2] 이때 요인추출을 위해 주성분분석(principal component analysis)과 VARIMAX 방법을 적용하였다. 여기서 말하는 주성분분석과 VARIMAX 방법은 공통 요인을 찾는 요인분석을 할 때 사용되는 구체적인 방법인데, 통계학을 배운 사람이라면 이해하겠지만 그렇지 않았다면 그냥 그런 방법이 있는 것으로 알고 넘어가도 상관없다. 이 책에서 중요한 것은 이런 방법들을 적용하고 분석해서 나온 '결과'이지, 구체적인 분석 기법을 알고자 하는 것은 아니기 때문이다.

---

2 요인분석은 연구 목적에 따라 탐색적 요인분석(exploratory factor analysis)과 가설검증 요인분석(confirmatory factor analysis)으로 나누어진다. 변수들의 공통요인을 찾을 때 연구자의 가설설정과 그 검증의 여부에 따른 구분이다. 가설설정과 검증 없이 이루어지는 것이 탐색적 요인으로서, 이 책에서는 이 방법을 사용하였다.

2. 시민에 대한 얼굴들의 밑바탕 요인 3개

13개의 시민에 대한 얼굴들이 몇 개의 공통 요인으로 묶여져서 나타낼 수 있는지에 대해 먼저 분석하였다. 이를 포괄적인 얼굴(은유 이미지)이라고 표현한다면, 포괄적인 시민 얼굴의 분석결과는 [표 13] 과 같다. 아이겐 값(eigenvalue)과 공통성 값(communality: h^2)을 통한 요인분석 결과에 따르면, 총 3개의 요인이 추출되었다.

여기서 말하는 아이겐 값과 공통성 값도 요인 분석을 하는 과정에서 나오는 통계학 용어이다. 구체적으로 알고자 하는 사람이라면 통계학을 배우면 자연스럽게 알게 되는데, 이 책에서는 굳이 몰라도 상관없다. 다만, 아이겐 값과 공통성 값을 통해 13개의 시민 얼굴들 중에서 어떤 얼굴들이 공통요인으로 묶일 수 있는 지를 판단할 수 있게 된다는 정도만 알면 된다. 아주 쉽고 간단히 말하면, 아이겐 값이 1 이상이 되면서 공통성 값은 높을수록 함께 묶일 수 있다. 통계프로그램을 사용하면 통계프로그램이 자동적으로 계산해서 이 값들을 알려준다. 그 결과를 읽고 해석만 할 수 있으면 되는데, [표 13] 이 그 결과에 해당된다. 이이겐 값과 공통성 값을 보고 어떤 것들이 묶일 수 있는지 먼저 판단한 다음에 묶여진 공통 요인에 이름을 붙여 주면 된다.

[표 13]에서는 시민에 대한 13개의 얼굴들이 3개의 공통 요인으로 묶일 수 있다는 것을 보여준다. 시민에 대한 3개의 포괄적 은유 이미지가 도출된 것인데, 이에 대해 이름을 붙인 것이 '지배자로서 시민', '피지배자로서 시민', '협력적 보호대상자로서 시민'이다.

[표 13] 시민에 대한 포괄적 은유 이미지의 공통요인표

	지배자로서 시민	피지배자로서 시민	협력적 보호대상자로서 시민	공통성 값 (h^2)
시민은 권위자이다	**0.793**	0.029	0.082	0.64
시민은 지도자이다	**0.735**	−0.074	0.022	0.55
시민은 고용주이다	**0.678**	−0.158	0.151	0.51
시민은 감시자이다	**0.666**	0.046	0.175	0.48
시민은 주인이다	**0.619**	−0.246	0.319	0.55
시민은 고객이다	**0.512**	0.439	−0.233	0.51
시민은 피감시자이다	−0.102	**0.746**	0.017	0.57
시민은 순응자이다	−0.239	**0.700**	0.024	0.55
시민은 피고용인이다	0.046	**0.678**	−0.341	0.58
시민은 추종자이다	0.061	**0.623**	0.063	0.40
시민은 피규제자이다	−0.058	**0.620**	0.290	0.47
시민은 피보호자이다	0.144	0.294	**0.783**	0.72
시민은 협력자이다	0.263	−0.110	**0.641**	0.49
아이겐 값 (eigenvalue)	3.208	2.573	1.210	

3개의 요인에 대해 보다 구체적으로 살펴보면 다음과 같다. 첫 번째 요인은 6개의 변수를 포함하고 있다. 아이겐 값은 3.208이고 개별 변수의 공통요인들의 공통성 값도 높게 나타났다. 이에 대한 은유 이미지를 명명(命名)한 것이 '지배자로서 시민' 이미지이다. 여기에는, 권위자로서 시민(0.793), 지도자로서 시민(0.735), 고용주로서 시민(0.678), 감시자로서 시민(0.666), 주인으로서 시민(0.619), 고객으로서 시민(0.512)이라는 하위 이미지들을 포함하고 있다. 설문조사의 내용이 시민과 정부 관계에서 시민의 이미지를 측정한 것이기 때문에, 하위 이미지들은 시민이 정부에 비해 지배자적인 상으로 그려지는 것들로 공통점을 지니고 있음을 보여준다. 어떤 관계에서 상대적으로 더 우월적 지위에 있는 얼굴이다. 여기서 고객으로서 시민 이미지가 과연 지배자로서 이미지와 부합될 수 있는가에 대해 의문이 들 수 있는데, 나머지 5개의 요인들과 함께 있다는 점에서 이들 요인과 동일한 공통 인식을 지녔다면 응답자들의 인식에 "고객은 왕이다"라는 일상의 말 등이 은연중에 영향을 준 것이 아닌가라는 추측이 가능하다.

두 번째 요인은 5개의 변수를 포함하고 있는 '피지배자로서 시민' 이미지이다. 아이겐 값은 2.573이고 개별 변수의 공통성 값도 높다. 여기에 해당되는 하위 이미지들은, 피감시자로서 시민(0.746), 순응자로서 시민(0.700), 피고용인으로서 시민(0.678), 추종자로서 시민(0.623), 피규제자로서 시민(0.620)이다. 이 은유 이미지들은 정부와의 관계에서 시민은 지배를 받는 이미지로 존재하고 있는 모습을 보여준다. 어떤 관계에서 상대적으로 덜 우월적 지위 혹은 더 하위에 있는 이미지에 가까운 것이다. 그래서 피지배자로서 시민 이미지로 명명했는데, 이는 앞의 지배자로서 시민 이미지와 반대에 가깝기 때문이다.

세 번째 요인은 2개의 변수를 포함하고 있는 '협력적 보호대상자로서 시민' 이미지이다. 아이겐 값은 1.210이고 공통성 값도 높다. 피보호자로서 시민(0.783), 협력자로서 시민(0.641)이라는 하위 이미지가 포함되어 있다. 정부와의 관계에서 시민은 보호를 받는 대상자이자 정부와 협력하는 대상자로서 이미지가 형성되어 있다. 앞의 두 이미지와는 달리 어떤 관계에서 상대적인 우열을 고려한 수직적 인식이 아닌 보호와 협력이라는 상호 대응성 차원의 비수직적 인식이 내재해 있는 이미지이다. 시민의 은유 이미지로서 지배자 혹은 피지배자로서 얼굴 이외에 존재하는 두 이미지가 하나의 묶음으로 나타난 것이다.

이 3개의 요인 즉, 3개의 은유 이미지는 시민과 정부 관계에서 시민에 대한 포괄적 이미지로 인식되어 있는 상 혹은 얼굴이라고 할 수 있다. 13개의 얼굴로 살펴볼 때와는 사뭇 다르게 간단히 3개의 얼굴로 나타내 보니 우리가 인지하기에 비교적 쉽게 다가온다. 지배자 혹은 피지배자로서 이미지가 다소 포괄적이긴 해도 인지부담은 확실히 덜어주는 면이 있다. 그래서 시민에 대한 이미지에 따라 정책이나 행위가 달라지는 것은 비교적 차이가 뚜렷한 이 3개의 이미지를 통해 어느 정도 손쉽게 예상할 수 있다. 시민을 지배자로 여길 때와 피지배자 혹은 협력적 보호대상자로 여길 때는 분명 서로 다른 행위를 낳을 것이라는 직관적 예측이 가능하다.

한편, 3개의 은유 이미지의 인식 정도가 성별에 따라 다른지에 대해 분석한 결과, 유의미한 차이가 나타나지는 않았다. 즉, 지배자로서 시민 이미지(t=1.031, df=288, p>0.05), 피지배자로서 시민 이미지(t=-0.545, df=286, p>0.05), 협력적 보호대상자로서 이미지(t=1.947, df=292, p>0.05) 모두에서 성별 간 차이는 존재하지 않았다. 따라서 응답자들은 성별에 따른 차이 없이 시민에 대한 은유 이미지를 지배자로서 시민, 피지배자로서 시민, 협력적 보호대상자로서 시민으로 포괄해서 인식하고 있다.[3]

---

3 이 책에서는 인식 조사를 대학생을 대상으로 했기에 추가적으로 학년별로 각 이미지에 차이가 있는지에 관해서도 분석할 수 있다. 분석결과 학년별 통계적 차이는 없었다. 지배자 이미지(F=0.108, df=3, 286, p>0.05), 피지배자 이미지(F=0.257, df=3, 284, p>0.05), 협력적 보호대상자 이미지(F=0.672, df=3, 290, p>0.05) 모두에서 학년 간 차이는 존재하지 않았다.

3. 정부에 대한 얼굴들의 밑바탕 요인 3개

시민에 대한 포괄적 은유 이미지와 마찬가지로 시민과 정부 관계에서 정부에 대한 포괄적 은유 이미지도 공통요인 분석을 통해 찾을 수 있다. 그 결과가 [표 14]다. 아이겐 값과 공통성 값을 통해 판단할 수 있는 공통 요인은 시민에 대한 은유 이미지 결과와 동일하게 이 역시 3개 요인으로 추출되었다. 각각은 '지배자로서 정부', '조력자로서 정부', '피지배자로서 정부'로 명명할 수 있다.

[표 14] 정부에 대한 포괄적 은유 이미지의 공통요인표

	지배자로서 정부	조력자로서 정부	피지배자로서 정부	공통성 값 (h^2)
정부는 권위자이다	**0.821**	−0.138	−0.112	0.71
정부는 감시자이다	**0.781**	−0.150	−0.029	0.63
정부는 규제자이다	**0.768**	0.200	−0.199	0.67
정부는 고용주이다	**0.717**	−0.238	0.070	0.58
정부는 지도자이다	**0.561**	0.487	−0.237	0.61
정부는 기업이다	**0.554**	−0.305	0.251	0.46
정부는 보호자이다	−0.137	**0.789**	0.113	0.65
정부는 대리인이다	−0.069	**0.745**	0.130	0.58
정부는 협력자이다	−0.259	**0.700**	0.139	0.58
정부는 피고용인이다	0.029	**0.542**	0.343	0.41
정부는 추종자이다	0.007	0.107	**0.801**	0.65
정부는 순응자이다	−0.271	0.422	**0.589**	0.60
정부는 피감시자이다	0.003	0.474	**0.497**	0.47
아이겐 값 (eigenvalue)	3.913	2.507	1.176	

구체적으로 보면, 첫 번째 은유 이미지인 '지배자로서 정부'는 아이겐 값이 3.913이고 개별 요인의 공통성 값도 높다. 6개의 하위 이미지들로 구성되어 있는데, 권위자로서 정부(0.821), 감시자로서 정부(0.781), 규제자로서 정부(0.768), 고용주로서 정부(0.717), 지도자로서 정부(0.561), 기업으로서 정부(0.554)의 이미지들이다. 이 은유 이미지들은 대체로 어떤 관계에서 상대적인 우월적 지위에 있는 것들이다. 그래서 시민에 대한 포괄적 은유 이미지 중 하나와 같이 정부 역시 지배자의 이미지를 지니고 있다고 볼 수 있다. 고객으로서 시민 이미지와 같이 여기서 기업으로서 정부 이미지도 지배자로서 이미지에 부합될 수 있는가에 대한 의문이 들 수 있는데, 이 역시 나머지 5개 요인들과 함께 묶여 있다는 점에서 우월적 지위로서 기업에 대한 인식이 드러난 결과로 추측해 볼 수 있다. 시민과 정부 각각의 이미지를 개별적으로 제시한 것에 대한 결과이기 때문에 고객으로서 시민과 기업으로서 정부가 동시에 지배자로서 이미지를 나타낸다고 해서 모순된다고는 볼 수 없다. 지배자로서 이미지가 공통요인으로 작용될 때는 시민과 정부 각각의 이미지에서 상대적으로 더 그에 부합되는 이미지들이 묶여 있다는 의미다.

두 번째는 아이겐 값 2.507을 보인 '조력자로서 정부' 이미지이다. 개별 요인의 공통성 값이 높으며, 여기에는 보호자로서 정부(0.789), 대리인으로서 정부(0.745), 협력자로서 정부(0.700), 피고용인으로서 정부(0.542)의 이미지를 포함하고 있다. 시민과 정부 관계에서 정부는 시민들을 보호하고 대리인으로서 역할을 하면서 협력을 하고 또 시민을 위해 고용된 주체로서 시민을 돕는 이미지를 지니고 있는 것이다. 이를 조력자로서 정부라고 명명했는데, 이는 해당되는 은유 이미지들이 정부가 시민과의 관계에서 지배적인 우월적 위치에 있거나 혹은 그 반대로서가 아니라 조력자와 같이 도움 기반의 행위 등을 하는 것에 가깝다고 판단했기 때문이다.

세 번째 정부에 대한 포괄적인 얼굴 즉 은유 이미지는 아이겐 값은 1.176이고 개별 요인의 공통성 값도 높은 '피지배자로서 정부' 이미지이다. 여기에는 3개의 하위 이미지를 포함하고 있다. 추종자 로서 정부(0.801), 순응자로서 정부(0.589), 피감시자로서 정부(0.497) 이미지가 그에 해당된다. 이 이미지들 어떤 관계에서 상대적으로 덜 우월적 지위 혹은 하위에 있는 이미지들이다. 시민에 대한 포괄적 얼굴 이미지에서 말하는 피지배자로서 이미지와 비슷하다.

여기서도 마찬가지로 요인분석에 따른 포괄적 정부 이미지에 대 한 인식 정도가 성별에 따라 차이가 있는지 분석한 결과 통계적으로 유의미한 차이는 없었다. 즉, 지배자 이미지($t = -0.918$, $df = 292$, $p > 0.05$), 조력자 이미지($t = 1.524$, $df = 293$, $p > 0.05$), 피지배자 이미지 ($t = 1.469$, $df = 293$, $p > 0.05$) 모두에서 성별 간 차이는 존재하지 않았 다. 따라서 이미지의 정도가 성별에 따라 차이가 있는 것은 아니라 고 할 수 있다.[4]

종합적으로 볼 때, 13개의 시민과 정부 얼굴 이미지는 각각 3개 의 공통요인으로 묶여서 3개의 포괄적 얼굴로 나타낼 수 있다. 시민

---

4 시민에 대한 이미지 인식 조사 결과와 동일하게 여기서도 추가적으로 살펴본 학년 에 따른 통계적 차이는 나타나지 않았다. 즉, 지배자 이미지($F = 1.506$, $df = 3$, 290, $p > 0.05$), 조력자 이미지($F = 0.368$, $df = 3$, 291, $p > 0.05$), 피지배자 이미지($F = 2.540$, $df = 3$, 291, $p > 0.05$) 모두에서 학년 간 차이는 존재하지 않았다.

에 대한 포괄적 얼굴은 지배자로서 시민과 피지배자로서 시민 그리
고 협력적 보호대상자로서 시민 이미지다. 정부에 대한 포괄적 얼굴
은 지배자로서 정부와 피지배자로서 정부 그리고 조력자로서 정부
이미지다. 시민과 정부의 간략한 얼굴은 모두 지배자와 피지배자의
모습을 띠기도 한다는 점을 알 수 있다. 때로는 지배자로서 시민을
인지하기도 하고, 피지배자로서 시민을 인지하기도 하는 사례를 찾
을 수 있을 것이다. 협력적 보호대상자로서 시민도 마찬가지다. 어
쩌면 우리는 은연중에 간단한 얼굴 이미지로 더 자주 인지하고 있을
지도 모른다. 그리고 정부의 얼굴 역시 때로는 지배자로서 인지되는
가 하면 피지배자로서 인지되기도 하고 조력자로서 인지되기도 한
다. 이렇게 보면 13개의 얼굴로 시민과 정부를 인지하는 것보다는
훨씬 간단하고 인지의 수월성도 높다. 그러나 지배자로서 얼굴 속에
포함된 다양한 시민 혹은 정부의 얼굴, 그리고 피지배자로서 시민
혹은 정부의 얼굴이 더 다양하고 구체적으로 존재한다는 점은 간과
되기 때문에 아쉬움이 크다. 그런 점에서 제6장의 첫머리에서 말한
바와 같이 포괄적 은유 이미지를 찾아보는 것은 13개의 얼굴에 대
한 분석의 보조적인 탐색으로서 의의를 갖는 것이다. 따라서 시민과
정부에 대한 13개의 얼굴도 알고, 동시에 이들 얼굴에 어떤 공통 요
인이 있는지를 아는 것은 시민과 정부의 얼굴을 다차원적이고 다각
도로 이해하는 방법이 된다.

제 7 장

시민과 정부의 얼굴이 전하는 메시지

제 7 장

시민과 정부의 얼굴이 전하는 메시지

1. 시민과 정부에 대한 얼굴 탐색이 주는 의의

시민과 정부는 우리가 단 하나의 단어나 용어로서만 치부해버리기에는 다양한 얼굴을 지닌 일상의 언어다. 일상의 여러 맥락과 상황에서 끊임없이 사용되면 될수록 다양한 얼굴은 더 늘어날 수도 있다. 이 책에서 살펴본 바에 따르면 적어도 시민과 정부는 서로 대응하면서 각각 13가지의 얼굴을 지니고 있다. 이 얼굴 모습은 우리에게 인지되는 얼굴로 남아 있는데서 나아가 현실 정책의 다양한 곳에서 많은 영향을 주기도 한다. 시민과 정부가 어떤 얼굴로 인지되는가에 따라 같은 정책도 다른 속성과 의도로 존재할 것이다. 이와 같이 이어지는 호기심과 추측을 가능하게 하는 기초 연구로서 이 책은 나름대로의 의의가 있다. 그동안 시도하지 않았던 시민과 정부의 이론적 얼굴을 13가지로 탐색했다는 점, 그 13가지 이론적 얼굴을 현실적 얼굴로도 존재하는지를 분석했다는 점, 그리고 13가지 얼굴의 공통 요인을 찾아서 보조적 탐색 차원에서 포괄적인 얼굴도 제시했다는 점 등이 그렇다.

더 중요한 의의는 이러한 탐색과 분석 및 시도들을 통해 그 결과들이 갖는 의미에서 비롯된다. 우선, 무엇보다도 이론적 측면에서 시민과 정부의 은유 이미지로 제시된 각각의 13가지 이미지가 실제로 응답자들의 인식 틀에서도 작용하고 있다는 사실을 확인한 점이다. 이론적 얼굴의 현실적 구현에 대한 일종의 근거를 찾은 것이다. 이 결과는 시민과 정부에 대해 막연히 지니고 있던 이런저런 생각 혹은 이미지를 선명하고 실제적으로 보여주었다는 점에서 중요한 의의를 지닌다. 따라서 시민과 정부를 바라보는 틀은 분명히 존재하고 있고, 그에 따라 응답자들이 시민과 정부에 대해 보다 구체적으로 어떻게 인지 혹은 이해하고 있는지에 대해 알 수 있다. 특히 상대적으로 더 강하게 그려지는 시민과 정부의 얼굴 이미지는 무엇인지, 아니면 아주 약한 정도로 그려지는 얼굴 이미지는 어떤 것인지를 알 수 있다.

이는 정책과정에서 종종 겪는 정책갈등의 원인 탐색과 해결에 도움을 준다. 정책의 특정사안 때문에 갈등이 생길 수도 있지만, 거시적인 시각에서 볼 때 해당 정책과정에서 중요한 역할을 하는 시민과 정부가 사람들에게 어떤 이미지로 인지되고 그려지고 있는지가 더 근본적인 원인일 수도 있다. 그런 점에서 설사 응답자로서 대학생들에 한정된 조사이긴 했지만, 이들 역시 사회의 한 구성원들이고 또 미래의 정책과정에서 주요 참여자가 될 사람들이기 때문에 이들이 지니고 있는 이미지에 대한 이해는 현실정책에서 겪는 여러 갈등에 대처할 수 있는 한 방법을 탐색한 것이라고 할 수 있다.

한편, 여기서 분석결과를 조금 더 구체적으로 보면, 다음과 같은 궁금증이 생길 수 있다. 시민과 정부에 대한 은유 이미지들 중에서 왜 어떤 이미지는 상대적으로 높게 인지되고 있는 것일까? 상대적으로 높은 인지 점수를 보인다는 것은 결국 그 이미지에 의해 시민과 정부를 인식하고 있는 경우가 많다거나 혹은 인식할 가능성이 더 높다는 의미이다. 그래서 시민과 정부에 대해 지니고 있는 이미지, 즉 인식의 틀 자체의 차이에서 비롯되는 다양한 현상(정책갈등 등)을 설명할 때 이 궁금증에 대한 답은 유용할 수 있다.

2. 왜 어떤 얼굴은 다른 얼굴보다 더 높게 인지되고 있을까?

왜 어떤 얼굴이 상대적으로 더 높게 인지되는가에 대한 궁금증은 높게 인지되고 있는 은유 이미지들에 초점을 두고 몇 가지 이유를 검토해보면 어느 정도 설명이 가능하다. 이를 위해 특히 눈여겨볼 이미지는 앞의 제5장에서 살펴본 대략 6점대 정도의 점수를 보인 은유 이미지들과, 시민과 정부의 은유 이미지를 서로 비교했을 때 이론적 측면에서 대응관계에 있으면서 실제 조사에서도 양쪽 모두에서 비교적 높은 점수로 나타난 이미지들, 그리고 시민과 정부 간 대응관계의 이미지를 동시에 조사했을 때 상대적으로 높은 점수를 보인 이미지들이다. 이 세 경우를 각각 혹은 동시에 만족하는 이미지들 중 대표적으로 들 수 있는 것이, '협력자로서 시민과 협력자로서 정부', '주인으로서 시민과 대리인으로서 정부', '피보호자로서 시민과 보호자로서 정부', '감시자로서 시민', '규제자로서 정부' 이미지이다. 이 얼굴 모습들은 다른 얼굴 모습들보다도 조금 더 높게 인지되고 있는 것들이다.

먼저 협력자로서 시민과 협력자로서 정부 이미지가 높게 인지되고 있는 이유는 오늘날 여러 경로를 통해 자주 접하는 국정관리와 행정개혁 및 정부개혁의 패러다임의 영향 때문으로 볼 수 있다. 후기 관료적 패러다임으로서 크게 각광 받은 신공공관리론에 대한 비판으로 등장한 새로운 행정개혁 패러다임인 뉴거버넌스(new governance)이론, 협력적 거버넌스(collaborative governance), 협력생산(coproduction)이론, 신공공서비스론(new public service)은 현재까지도 실천적 규범으로 현실에서 그 역할을 하고 있다. 행정이나 행정학에서 패러다임은 현시대에서 국정운영의 방향성을 끊임없이 모색하는 과정에서 나온 것이다.[1] 그래서 여러 매체나 대국민 메시지를 통해 지향할 패러다임을 대중(public)들에게 다양한 형태로 알리게 된다.

시민과 관료가 협력에 의해 국정 운영을 하는 모습을 강조하는 패러다임도 마찬가지다. 실제로 과거와 달리 정부의 정책과정에서 공식적인 참여자 이외에도 많은 비공식적 참여자가 참여하고 있고, 그 가운데 일반 시민, 결집된 시민의 목소리, 시민단체 등의 참여는 활발히 이루어지고 있다. 거버넌스의 의미인 협치(協治)에 기반 한 정책 결정은 이미 규범적 지위를 얻었고, 더구나 지방자치가 실시되면서 지역의 의사결정과정에 지역주민들의 주체적 참여가 강조되고 있기도 하다. 더 좁은 마을 공간에서도 자치가 강조되면서 정부 정책의 공동 실현과 자치적 구현을 강조하고 있는 현실이고, 이를 위해 다양한 정책적 도구가 적용되고 있기도 하다.[2] 그리고 관료의 핵심적인 권력요인이라고 불리는 예산 활동(배분)에도 지역주민들이 참여해

---

1 Henry, Nicholas(1975). Paradigms of Public Administration, *ublic Administration Review*, 35(4): 378~386.

2 김유라·김광석·김민주(2016). 마을자치 사업에서 농촌현장포럼의 넛지 효과 분석: 상주시 광골마을 사례를 중심으로, 『한국행정연구』, 25(1): 25~47.

서 함께 결정할 정도이다.

물론 이전 행정개혁의 패러다임들이 사라진 것은 아니다. 새로운 패러다임이 더 강조되고 있어서 그에 기초한 국정관리 모습을 더 자주 목격하거나 인용하게 되어서 사람들이 접하는 빈도가 높아진 것일 뿐이다. 하지만 적실성 있는 일종의 규범으로서 특정한 패러다임의 사례를 자주 접하거나 목격하게 되면 그에 따른 인지작용도 더 활발해진다. 특히 국정관리에 관한 다양한 경로로서 여러 매체에서 들려오는 협력에 기초한 국정관리에 대한 강조는 사람들의 인지에 따른 은유 이미지 형성에 더욱 영향을 준다. 따라서 오늘날 시민과 정부는 국정관리에서 서로 협력하는 동반자로서 이미지가 강하게 형성된 것이다. 시민과 정부의 이미지로서 협력자의 이미지가 양쪽 모두에서 높게 나타나고 있는 이유가 바로 그 때문이다. 이는 홉스의 사회계약론에서 말하는 투쟁에 기초한 인간이 아니라, 헤겔이 말하는 상호작용을 통한 인정 기반의 공동체적 인간의 모습을 국정관리에 대입한 이미지라고도 볼 수 있다. 서로를 인정하고 상호작용하면서 협력자로서 여기는 것은 설사 완전하고 실제적인 협력이 이루어지지 않더라도, 그와 같은 규범적이고 이상적 이미지를 지니고 있다는 것은 공동체 기반의 사회 작동을 위해서는 가장 기본적인 원리가 시민과 정부라는 두 축이 서로 협력하는 것이라는 점을 각인시킨다.

다음으로 주인으로서 시민과 대리인으로서 정부 이미지가 비교적 높게 인지되고 있는 것은 시민의식의 성장으로 시민성(citizenship)이 향상되었고, 그와 동시에 시민들의 대표자로서 관료의 책임성이 강조되는 오늘날 행정현상의 영향 때문이다. 랄프 클락 챈들러Ralph

Clark Chandler의 주장처럼 오늘날과 같은 복잡한 현대 사회에서 행정은 단순히 전문직업적 역할을 하는 것을 넘어서 시민의 대표로서 행정 (public administration as representative citizen)이 강조되고 있다.[3] 과거 에는 주로 입법영역에서만 시민의 역할을 대신하는 대표성이 강조되 었고, 행정영역에서는 기술적 전문성이 주로 강조되었다. 그도 그럴 것이 입법영역은 시민들의 선출에 따라 구성되었고, 행정인은 시민 들에 의해 뽑히는 것이 아니었기 때문이다. 그래서 시민의 대리자로 서 역할을 주로 입법부에 한정시켜왔다. 하지만 복잡한 현대 사회에 서 정책 활동의 영역이 넓어지면서 행정 영역에서도 시민들에게 필 요한 처방을 직접적으로 하고 있다. 그리고 시민들의 주체의식이 부 각되는 시민성도 과거에 비해 크게 향상되었다.

그 결과 시민에 대한 관료들의 대표성(representativeness)과 대응 성(responaiveness)에 대한 강조는 그 어느 때보다 높아졌다. 대표관 료제(representative bureaucracy)가 발달하고 선출직 관료들에 대하여 시민들의 대리자로서의 임무가 입법부 못지않게 강조된 시대가 된 것이다. 여기서 대표관료제란 사회의 여러 집단들의 이해관계를 고 려하기 위해 사회를 구성하는 주요 인적 구성 집단을 반영해서 관료 를 충원하는 제도를 말한다.[4] 이러한 기회들로 인해 시민들은 자신 들이 속한 집단의 대표자가 관료로 충원되는 것을 목격하고, 또 지 방자치의 실현으로 생활 밀착형 문제를 대신해서 해결해 줄 관료를

---

3 Chandler, Ralph Clark(1984). The Public Administration as Representative Citizen: A New Role for the New Century, *Public Administration Review*, 44(special issue): 196~206.
4 김민주(2017). 『정부는 어떤 곳인가: 행정학의 이해와 활용』, 대영문화사, p.180.

직접 뽑음으로써 정부가 자신들의 대리자가 되어 주기를 적극적으로 바랄 수 있게 되었다.

따라서 오늘날 정부는 시민을 대표해서 시민들의 업무를 대리하기 위해 고용된 대리인인 관료들로 구성된 집단으로 여겨진다. 주체적 시민성을 지닌 주인인 시민을 위해 정부는 대리인으로서 책임 있는 태도를 갖는 '행정의 시민성'이 무엇보다도 중요한 시대가 되었다.[5] 민주화된 시대에 시민과 정부에 대해 갖는 이미지가 주인과 대리인으로 자리 잡고 있는 것도 이러한 관계에서 일정부분 영향을 받았다.

시민과 정부 모두에서 비교적 높은 점수로 인지되는 또 다른 이미지가 피보호자로서 시민과 보호자로서 정부 이미지이다. 이 이미지에 큰 영향을 준 것은 복지국가사상에 따른 여러 복지정책들과 위험사회 속에서 부각된 사회안전망에 대한 강조이다. 물론 이는 시민들이 계약에 의해 자신들의 보호를 정부라는 권력체에게 맡긴 사회계약론 사상에 이미 내재하고 있는 것이기도 하다. 하지만 더 직접적이고 현실적으로 우리가 접하는 것은 바로 복지정책이다. 복지정책은 일종의 '도움의 행정'으로서, 정부가 시민들의 사회보호망 제공자로서 기본적인 역할을 해야만 한다는 당위론적이고 규범적 인식은 현대 사회에서 널리 자리 잡고 있다. 저소득층을 비롯한 사회적 약자와 취약계층에 대한 보호 뿐 아니라 저출산 고령화 사회에 대한 대비 정책, 그리고 청년을 비롯한 사회초년생에 대한 보호 장치 등

---

5 Chandler, Ralph Clark(1984). The Public Administration as Representative Citizen: A New Role for the New Century, *Public Administration Review*, 44(special issue): 196~206.

많은 복지프로그램들은 우리가 일상에서 많이 접하고 있는 사례들이다. 정부예산의 많은 비중이 복지지출이라는 점도 이미 알려져 있다. 그리고 복지정책은 시민들을 돕고 보호한다는 의미의 신념체계가 자리 잡고 있어서 그 담당은 여성이 주로 맡고 있는 현상을 보이기도 할 정도이다.[6] 정부가 시행하는 복지정책에는 정부가 보호자로서 시민을 섬세하게 도울 수 있어야 한다는 구조화된 신념체계가 전제되어 있는 것이다.

이와 더불어, 현대사회가 위험사회로 규정되면서 안전에 대한 정부역할의 강조는 안전행정 분야를 새롭게 탄생시킬 정도가 되었다. 정부가 시민들의 안전을 담보하지 못한다면 정부의 고유한 역할을 하지 못하는 것과 같다고 여긴다.[7] 안전정책으로 구현되는 정부의 역할은 사회 곳곳에서 벌어지는 안전사고를 볼 때면 누구나 절실히 느낀다. 특히 재난재해가 발생하여 위험에 처한 사람이 있거나 일상생활에서 최소한의 인간다운 삶을 보장 받지 못하는 사람이 있다면 보호자로서 정부 역할은 더욱 강조된다. 따라서 보호자로서 정부 이미지와 피보호자로서 시민 이미지가 시민과 정부의 이미지로서 비교적 높게 인지되고 있는 것이 현실이다.

비교적 높게 인지되고 있는 또 다른 이미지로서 감시자로서 시민 이미지는 정부에 대한 시민의 통제와 정부의 책임성이 강조되는 현실 인식이 영향을 준 결과이다. 특히 정부재창조(reinventing government)

---

6 김민주(2014). 복지정책담당의 여성적 특성화에 관한 원인 분석, 『국가정책연구』, 28(1): 73~101.

7 Zimmerman, Rae(1985). The Relationship of Emergency Management to Governmantal Policies on Man-Made Technological Disasters, *Public Administration Review*, 45(special issue): 29~39.

와 더불어 행정의 새로운 패러다임으로 등장한 시민재창조(reinventing our selves)의 개념은 소유주로서 시민이 정부의 성과를 직접 감시하는 성과감시자로서 역할을 강조하고 있다.[8] 그래서 실제로 시민들은 여러 형태로 정부를 통제하면서 감시자로서 역할을 하고 있다. 시민평가와 민주통제와 관련된 활동들이 여기에 해당되는 사례들이다. 예컨대, 시민설문조사, 시민만족도 평가, 옴부즈만제도, 선거, 여론, 정보공개제도 등이 감시자로서 시민이 활동하는 모습이다. '시민이 지켜보고 있다', '시민이 무서운 줄 알아야지'라는 등의 말은 이를 가장 잘 드러내는 표현이다.

시민은 평가와 통제를 하는데서 그치는 것이 아니라 정부의 책임성을 확인하기도 한다. 책임성은 행정인이나 행정조직이 윤리적·기술적 또는 법규적 기준에 따라 행동해야하는 의무로서, 성실하게 이행되지 않을 때에는 비판의 대상이 되는 것을 말한다.[9] 행위의 결과가 비판의 대상이 될 수 없을 때에는 책임의 대상이 되지 않는다는 점에서, 정부의 책임성은 시민의 감시를 전제로 성립된다. 감시를 통해 과정이나 결과를 판단하고 평가하고 때로는 비판을 할 수도 있기 때문이다. 따라서 오늘날 정부활동은 시민들에 의해 감시의 대상이 되고 있기 때문에 시민은 정부에 대한 감시자로서 이미지를 형성하고 또 실천하고 있다. 특히 접근성이 높은 IT 기반의 개인용 휴대형 플랫폼은 기존의 시민단체나 언론매체 등을 통한 감시활동보다

---

8 Schachter, Hindy Lauer(1995). Reinventing Government or Reinventing Ourselves: Two Models for Improving Government Performance, *Public Administration Review*, 55(6): 530~537.

9 백완기(2014). 『행정학』, 박영사.

더 개별적이고 신속하고 단발성의 감시활동을 증가시키는데 기여하고 있다. 언제어디서든 간편하게 감시 활동이 가능한 시대가 된 것이다. 따라서 오늘날 감시자로서 시민 이미지는 그 어느 때보다도 더 강하게 인지되고 형성될 여건이 마련되어 있는 시대이다. 그리고 이미 그렇게 실천하고 있는 시대라서 감시자로서 시민의 은유 이미지에 대한 인지가 비교적 높게 나타난 것이다.

　규제자로서 정부 역시 높은 인지 점수를 보이는 이미지이다. 이는 현실 속에서 접하는 정부의 규제활동이나 규제정책들이 인지 형성에 크게 영향을 미쳤기 때문이다. 그 중에서도 정부의 규제개혁 조치는 규제자로서 정부의 이미지 형성에 많은 영향을 미친다. 규제의 일상화는 시민들이 규제를 받는 것조차 모를 정도로 원래 그런 것으로 여기도록 만들지만,[10] 오히려 규제를 개혁하기 위한 정부의 여러 행위는 시민들에게 정부가 규제자로서의 존재를 더 인지하게 만든다. 특히 새로운 정권이 시작되면 매번 정부개혁의 하나로 규제개혁 조치가 이루어지고, 새로운 국회가 구성될 때에도 규제개혁 관련 법안이 발의된다. 기존의 잘못된 규제를 개혁하는 일에서 세삼 규제를 더 생각하게 만드는 것이다.

　과거 박근혜 정부의 경우도 정권 초기부터 불필요한 규제에 대한 강력한 개혁을 여러 번 강조하면서 오히려 규제자로서 정부의 이미지를 상기시키는데 일정부분 기여하였다. 실제로 '경제민주화'와 '창조경제'는 정부의 규제에 대한 다양한 이슈를 제기하면서 결과적으로 규제라는 이슈가 사람들에게 많이 노출되게 했다.[11] 특히 이

---

10 Morgan, Gareth(2006). *Images of Organization*, Sage Publications.
11 이영미(2014). 박근혜 정부의 국정운영기조의 형성과 변화, 『한국정책과학학회보』,

두 국정기조(경제민주화와 창조경제)는 규제라는 이슈가 관심과 쇠퇴의 경로 속에서도 연속적으로 이어지는데 기여했다. 정권초기 경제민주화에 대한 이슈가 이후 창조경제로 이어지면서 정부의 규제개혁과 관련된 행위는 계속 이어졌고, 규제자로서 정부 이미지도 이어졌다.

물론, 규제를 강화하는 규제정책이나 규제 법안이 새롭게 발의되면서도 규제자로서 정부에 대한 인식은 강화된다. 규제가 계속 강화되는 톱니효과(ratchet effect)는 규제에 대한 시민들의 접촉 빈도를 더 높이게 한다.[12] 그리고 때로는 규제자로서 정부가 오히려 규제대상자들에게 포획(capture)되어버린 현상을 볼 때면,[13] 그것을 비판하면서 규제자로서 정부 모습이 오히려 더 각인되기도 한다. 이처럼 규제 내용의 옳고 그름을 떠나서 시민에 대한 여러 규제의 행위자로서 정부 이미지는 규제정책과 규제개혁 이슈 등을 통해 더 인지되고 강화된다.

18(1): 1~28.

12 Bardach, Eugene and Robert A. Kagan(2002). *Going By the Book: The Problem of Regulatory Unreasonableness*, New Brunswick: Transactions Publishers.
13 Stigler, George(1971). The theory of economic regulation, *The Bell Journal of Economics and Management Science*, 2(1), pp.3~21.

3. 엄연한 현실로서 낮게 인지되는 얼굴들

시민과 정부의 13가지 얼굴들 중에서 상대적으로 더 높게 인지되고 있다는 것은 그만큼 현실에서 인지되는 빈도나 정도가 더 높다는 뜻이다. 지금까지 그 이유에 대해서 살펴보았다. 그런데 여기서 간과해서는 안 될 점이 있다. 비록 상대적으로 낮게 인지되고는 있지만 엄연히 시민과 정부의 얼굴 모습으로 존재하는 나머지 은유 이미지들도 있다는 사실이다.

그 중 하나가 시민과 정부의 이미지 모두에서 가장 낮은 점수를 보이는 추종자로서 은유 이미지이다. 이 역시 시민과 정부를 바라보는 하나의 인식 틀로서 존재하고 있는 것이다. 이는 모든 현상을 특정한 것으로만 설명할 수 없는 복잡한 현실을 그대로 보여준다. 즉, 각자의 프레임에 따라 세상을 이해하는 사람들의 속성에서 비롯된 것이다.[14] 어느 한 가지로 모든 것을 설명하려다 아무것도 설명할 수 없는 것이 되지 않기 위해서는, 시민과 정부의 이미지도 다양한 은유 이미지로 인지되고 있는 현실을 그대로 이해해야 한다. 단지 그 정도의 차이가 있을 뿐이다.

---

14 Lakoff, George and Mark Johnson(2003). *Metaphors we live by*, Chicago: University of Chicago Press.

어쩌면 사람들로부터 높게 인지되는 시민과 정부의 얼굴보다도 오히려 상대적으로 낮게 인지되는 얼굴을 더 염두에 두어야 할지도 모른다. 그 이유는 간단하다. 이 사회는 다양한 사람들로 이루어져 있기 때문이다. 각자의 생각과 의견을 존중하는 것이 당연하다는 규범적 이유가 있기도 하지만, 그보다 더 현실적인 이유는 사람들 간 다툼과 갈등은 서로 다름에서 비롯되기 때문이다. 더 정확히 말하면 서로 다름을 인정하지 않기 때문이고, 그 중에서도 다수가 소수의 생각을 인정하지 않거나 고려하지 않기 때문이다.

서로 다름을 야기하는 가장 기본이 되는 것이 바로 사람들이 지니고 있는 인식의 틀이다. 만일 어떤 사회에서 대다수의 사람들이 서로 유사한 시민과 정부의 얼굴 이미지를 지니고 있을 때, 그와는 반대의 이미지로 시민과 정부의 얼굴을 인지하고 있는 소수의 몇몇 사람들의 의견을 무시하거나 전혀 고려하지 않는다면 어떻게 될까? 여기서 대다수의 사람들이 인지하고 있는 시민과 정부의 얼굴은 이 책에서 제시한 상대적으로 높게 인지되는 시민과 정부의 은유 이미지가 되고, 소수 사람들이 지닌 시민과 정부의 이미지는 가장 낮게 인지되는 시민과 정부의 얼굴을 말한다. 문제가 발생될 때는 다수의 생각만을 고려한 나머지 미처 생각하지 못한 일종의 검은백조(black swan)가 등장할 때이다. 다수가 그들끼리만 생각을 공유하고 공감한다면 자기강화를 통해 사회는 점점 더 극단에 이끌리게 되면서 불통이 되어가다가,[15] 어느 순간 전혀 예상치 못한 일이 등장하면 혼란에 빠지게 된다.[16] 극단으로 치닫는 상황도 문제이지만 소수를 생각

---

15 Sunstein, Cass(2009). *Going to Extremes: How Like Minds Unite and Divide How Like Minds Unite and Divide*, Oxford University Press.

하지 못해서(혹은 무시해서) 그 소수로부터 야기되는 문제는 더 심각
할 수도 있다.

따라서 일상의 단어가 된 만큼 사람들 간 대화 혹은 정책과 정
부활동과정에 생기는 갈등조정과 화합을 위해서는 결국 시민과 정부
에 대한 다양한 은유 이미지에 대한 현실적 이해가 전제되어야 하고
이때 중요한 것은 다양하게 인지되는 얼굴에 대한 상호 인정이다.
상대가 어떤 은유 이미지를 전제하고 있는지 이해하는 것도 중요하
고 그 이미지를 인정해주는 것도 중요한 것이다. 그런 점에서 이 책
에서 제시된 여러 탐색과 분석 결과는 하나의 참고 자료가 될 수 있
다. 특히 정책순응과 갈등 문제는 더욱 더 시민과 정부를 어떻게 바
라보고 있는가에 따라 크게 좌우되므로 이를 참고할 필요가 있다.
아마도 여러 갈등의 원인이자 해결책도 여기서 찾을 수 있을 것이
다.

---

16 Taleb, Nassim Nicholas(2008). 차익종 옮김, 『블랙 스완 0.1%의 가능성이 모든
   것을 바꾼다』, 동녘사이언스.

4. 후속 연구 주제

이 책에서 시도한 연구결과는 앞으로 계속될 후속 연구에 하나의 기초자료가 될 것으로 예상한다. 예를 들어 어떤 은유 이미지를 가지고 대상을 바라보는가에 따라 정책과 정부활동에 차이가 있을 수 있기 때문에 그에 대한 실증적인 연구나, 특정 사례(지역, 정책 등)에 따라 시민과 정부에 대해 지니고 있는 은유 이미지를 심층적으로 분석하는 연구, 그리고 횡적 혹은 종적 차원에서 은유 이미지의 차이나 변화를 분석하는 연구 등이 그에 해당된다. 그리고 국가별로 시민과 정부의 은유 이미지를 비교하는 것도 상당히 홍미로울 것이라고 생각된다. 선진국과 후진국의 차이나 각 대륙별 차이도 하나의 연구주제가 될 수 있다. 또 시민과 정부의 은유 이미지를 하나의 넛지(nudge)로 활용할 수 있는 연구주제도 가능하다. 그리고 이 책과 동일한 구조로 또 다른 연구 대상들을 대상으로 해서 연구하는 것도 가능하다. 만일 가능한 여건이 되어서 전체 국민을 대상으로 조사를 할 수 있다면 매우 홍미로울 것이다. 이 책을 기초로 해서 많은 후속 연구가 이어졌으면 한다.

참고문헌

갈상돈(2012). 제임스 매디슨의 여론관과 대중,『한국정치학회보』, 46(2): 71~95.

김광웅(1981). 행정문화,『행정논총』, 19(2): 248~265.

김민주(2017).『정부는 어떤 곳인가: 행정학의 이해와 활용』, 대영문화사.

_____(2017). 예산배분 권력의 역전: 원조예산의 사례를 중심으로,『인문사회과학 연구』, 18(3): 143~181.

_____(2016). 시민과 정부는 어떤 이미지로 존재하고 있는가?: 시민과 정부의 13가지 은유 이미지에 대한 대학생들의 인식 분석,『한국행정연구』, 25(3): 1~32.

_____(2016).『평가지배사회』, 커뮤니케이션북스.

_____(2015).『행정계량분석론: 통계분석의 기초, 응용, 실습』, 대영문화사.

_____(2014). 복지정책담당의 여성적 특성화에 관한 원인 분석,『국가정책연구』, 28(1): 73~101

김민주·김유라(2016). 지방도시 이미지와 전통사상 간 상호의존성 분석: 영주시의 선비도시 이미지와 전통선비사상을 중심으로,『한국선비연구』, 4: 209~232.

김번웅(2003). 신공공관리론과 기업형 거버넌스의 한계,『사회과학연구』, 9: 1~29.

김영평·최병선 외(2006).『규제의 역설』, 삼성경제연구소.

김유라·김광석·김민주(2016). 마을자치 사업에서 농촌현장포럼의 넛지 효과 분석: 상주시 광골마을 사례를 중심으로,『한국행정연구』, 25(1): 25~47.

김정헌(2013). 행정기관의 이미지 평가와 관리 전략,『지방정부연구』, 17(2): 233~257.

김태룡(2010).『행정이론』, 대영문화사.

김현(2013). 국민보호책임(R2P) 규범과 규범 촉진자,『아태연구』, 20(2): 157~193.

남경태(2012). 『누구나 한번쯤 철학을 생각한다』, 휴머니스트.

맹주만(2005). 합법적 권위와 시민불복종, 『철학탐구』, 18: 277~315.

박동서(1995). 『한국행정론』, 법문사.

박병식·이준호(2005). 국회의 국정평가기능 제고를 위한 국회예산정책처의 역할 정립방안,『한국사회와 행정연구』, 15(4): 203~225.

박석희·양혜원(2009). 정부부처의 조직이미지 측정과 영향요인 분석: 산림청의 조직이미지 분석을 중심으로, 『한국행정연구』, 18(1): 35~63.

박흥식(2005). 지방정부 정체성 마크의 이미지 요인, 『한국지방자치학회보』, 17(1): 131~149.

박흥식·최승범(2009). 정부기관 브랜드 이미지와 정체성 간의 갭 및 고객 만족도와의 관계, 『한국거버넌스학회보』, 16(3): 161~185.

백완기(2014). 『행정학』, 박영사.

서울신문(2015). "최고의 신랑·신붓감 1위 '공무원·공사'", 2015년 12월 29일자 기사.

송영배·김형식(2013). 에드워드 스노든에 의하여 폭로된 NAS와 GCHQ의 정부 감시 프로그램 사례 연구, 『한국정보과학학회 학술발표논문집』, 2013: 817~819.

신호창·조삼섭·김찬아(2008). 정부기관의 이미지 구성 요소 및 측정 척도 개발을 위한 실증 연구, 『한국광고홍보학보』, 10(1): 268~291.

아시아투데이(2015). "공무원연금 대타협기구 첫 회의 … 전문가·정부 위원 주요 발언", 2015년 1월 8일자 기사.

오석홍(2013). 『행정학』, 박영사.

오정진(2012). 주권개념의 변환을 위한 시론, 『법철학연구』, 15(1): 251~270.

이계오 외(2008). 『표본조사론』, KNOU PRESS.

이기우(1997). 시민주권의 회복과 시민참여의 활성화, 『한양대학교 지방자치연구소 국내세미나 논문집』, 79~90.

이영미(2014). 박근혜 정부의 국정운영기조의 형성과 변화, 『한국정책과학학회보』, 18(1): 1~28.

이장로·이춘수·양소영(2009). 한국의 국가이미지 영향요인에 관한 탐색적 실증연구, 『대한경영학회지』, 22(3): 1583~1601.

이투데이(2015). "여야, 공무원연금 개혁 특위 신경전 … 실무기구 7→9명 확장할 듯", 2015년 4월 6일자 기사.

인구보건협회(2016). "우리나라 부모 3명 중 1명 - 자녀가 공무원이 되기를 바래", 인구보건협회 보도자료.

임정우··이교은·하동현(2013). 한국의 국가이미지, 관광지 인지적 및 정서적 이미지, 의료관광 이미지 간의 관계, 『관광연구』, 28(3): 231~250.

임지룡 외(2015). 『비유의 인지언어학적 탐색』, 태학사.

조철주·장명준(2011). 공공정책의 갈등 해소를 위한 협력적 거버넌스 모형 연구, 『도시행정학보』, 24(2): 23~47.

통계청·여성가족부(2014). 『2014 청소년통계』, 통계청·여성가족부.

하수경·신철호(2011). 국가 이미지가 제품 구매태도에 미치는 영향, 『국제경영리뷰』, 15(1): 147~170.

한병철(2013). 김태환 옮김, 『시간의 향기: 머무름의 기술』, pp.82~84.

함인희(2012). "국가후원 가족주의(State-sponsored Familism)"의 딜레마, 『한국사회학회 사회학대회 논문집』, pp.539~554.

Agamben, Giorgio(2010). 양창렬 옮김, 『장치란 무엇인가? 장치학을 위한 서론』, 난장.

Ansell, C. and A. Gash(2007). Collaborative governance in theory and practice, Journal of Public Administration Research and Theory, 18: 543~571.

Bardach, Eugene and Robert A. Kagan(2002). Going By the Book: The Problem of Regulatory Unreasonableness, New Brunswick: Transactions Publishers.

Beetham, David, Sarah Bracking, Iain Kearton, and Stuart Weir, Eds.(2002). Interrnational IDEA Handbook on Democracy Assessment, The Hague: Kluwer Law International.

Brudney, Jeffrey L. and Robert E. England(1983). Toward a Definition of the Coproduction Concept, Public Administration Review, 43(1): 59~65.

Buckingham, Will et al.(2011). 박유진·이시은 옮김, 『철학의 책』, 지식갤러리.

Chalmers, Alan(2003). 신중섭·이상원 옮김, 『과학이란 무엇인가?』, 서광사.

Chandler, Ralph Clark(1984). The Public Administration as Representative Citizen: A New Role for the New Century, Public Administration Review, 44(special issue): 196~206.

Chapman, Richard A.(1993). Ethics in Public Service, In chapman (ed.), Ethics in Public Service, Edinburgh University Press.

Cruikshank, Barbara(1999). The will to empower: democratic citizens and other subjects, NY: Cornell University Press.

Dancygier, Barbara and Eve Sweetser(2015). 임지룡·김동환 옮김, 『비유언어: 인지언어학적 탐색』, 한국문화사.

Davies, Gary and Rosa Chun(2002). Gaps between the internal and external perceptions of the corporate brand, Corporate Reputation Review, 5(2): 144~158.

Denhardt, Janet V. and Robert B. Denhartdt(2003). The New Public Service: Serving, not Steering, N.Y.: M.E. Sharpe.

Foucault, Michel(2003a). 오생근 옮김, 『감시와 처벌』, 나남출판.

_____(2003b). 이규현 옮김, 『광기의 역사』, 나남출판.

Henry, Nicholas(1975). Paradigms of Public Administration, Public Administration Review, 35(4): 378~386.

Hodge, B.J., William P. Anthony and Lawrence M. Gales(2003). Organization theory: a strategic approach, 6th ed, N.J.: Prentice Hall.

Hood, Christopher(1994). Economic Rationalism in Public Management: From Progressive Public Administration to New Public Management?, In Christopher Hood (Ed), Explaining Economic Policy Reversals, Buckingham: Open University Press.

Kettl, Donald F.(2000). Public Administration at the Millennium: The State of the Field, Journal of Public Administration Research and Theory, 10(1): 7~34.

Knowles, Murray and Rosamund Moon(2008). 김동환·김주식 옮김, 『은유 소개』, 한국문화사.

Kövecses, Zoltán(2000). Metaphor and Emotion: Lange, Culture, and Body in Human Feeling, Cambridge University Press.

Kunkel, Vicki(2009). 박혜원 옮김, 『본능의 경제학』, 사이.

Kymlicka, Will(2001). Contemporary Political Philosophy: An Introduction, second edition, Oxford University Press.

Lakoff, George.(2002). Moral Politics: How Liberals and Conservatives Think, Chicago: University of Chicago Press.

Lakoff, George(2012). 나익주 옮김, 『폴리티컬 마인드: 21세기 정치는 왜 이성과 합리성으로 이해할 수 없을까?』, 한울아카데미.

Lakoff, George and Mark Johnson(2003). Metaphors we live by, Chicago:

University of Chicago Press.

Locke, John(2014). 이극찬 옮김, 『시민정부론』, 연세대학교출판부.

Lowi, Theodore J(1964). American Business, Public Policy, Case Studies and Political Theory, World Politics, 16(4): 677~715.

Moe, Terry M.(1984). The New Economics of Organization, American Journal of Political Science, 28(4): 739~777.

Morgan, Gareth(2006). Images of Organization, Sage Publications.

Mosher, Frederick C.(1982). Democracy and the Public Service, second edition, Oxford University Press.

O'Connell, Brian(1994). People Power: Service, Advocacy, Empowerment, Foundation Center.

Osborne, David and Ted Gaebler(1992). Reinventing Government: How the Entrepreneurial Spirit is Transforming the Public Sector, New. York: Addison—Wesley.

Osborne, David and Peter Plastrick(1998). 최창현 옮김, 『정부개혁의 5가지 전략』, 삼성경제연구소, pp.219~276.

Oviatt, Benjamin M.(1988). Agency and Transaction Cost Perspectives on the Manager—Shareholder Relationship: Incentives for Congruent Interests, Academy of Management Review, 13(2): 214~225.

Rousseau, Jean Jacques(2006). 방곤 옮김, 『사회계약론』, 신원문화사.

Royce, Edward(2009). Poverty and Power: The Problem Structural Inequality, Rowman & Littlefield Publishers.

Salamon, L. M.(2002). The Tools of Government: A Guide to the New Governance, Oxford University Press.

Schachter, Hindy Lauer(1995). Reinventing Government or Reinventing Ourselves: Two Models for Improving Government Performance, Public Administration Review, 55(6): 530~537.

Schneier, Bruce(2015). Data and Goliath: The Hidden Battles to Collect Your Data and Control Your World, N.Y.: W.W. Norton & Company.

Shafritz, Jay M. and Albert C. Hyde(2008). Classics of Public Administration, The Dorsey Press.

Spitzer, Robert J.(1983). The Presidency and public Policy: The Four Arenas of Presidential Power, The University of Alabama Press.

Stigler, George(1971). The Theory of Economic Regulation, The Bell Journal of Economics and Management Science, 2(1), pp.3~21.

Sullivan, Karen(2013). Frames and Constructions in Metaphoric Language, Amsterdam and Philadelphia: John Benjamins.

Sunstein, Cass(2009). Going to Extremes: How Like Minds Unite and Divide How Like Minds Unite and Divide, Oxford University Press.

Taleb, Nassim Nicholas(2008). 차익종 옮김, 『블랙 스완 0.1%의 가능성이 모든 것을 바꾼다』, 동녘사이언스.

Tietze, Susanne, Laurie Cohen and Gill Musson(2013). 신병현 옮김, 『언어와 조직이해』, 커뮤니케이션북스.

Tilly, Charles(1975). "Reflections on the History of European State—Making" in Charles Tilly (ed.), The Formation of National States in Western Europe, Princeton University Press.

Vedung, Evert(2017). Public Policy and Program Evaluation, Taylor & Francis.

Weber, M.(1947). The Theory of Social and Economic Organization, New York: The Free Press.

Weiss, Thomas and Leon Gordenker (eds.)(1996). NGOs, the UN, and Global Governance, Lynne Rienner Publishers.

Zimmerman, Rae(1985). The Relationship of Emergency Management to Governmantal Policies on Man—Made Technological Disasters, Public Administration Review, 45(special issue): 29~39.

찾아보기

인물

저자 소개

김민주(金玟柱)

동양대학교 북서울(동두천)캠퍼스 공공인재학부 교수다. 현재 공공인재
학부장이다. 2012년 2월에 고려대학교에서 행정학 박사학위를 취득하고,
2013년 3월부터 동양대학교에서 교수로 재직 중이다. 관심 분야는 정책,
계량분석, 정부예산, 문화정책 등이다.

주요 경력으로는 한국정책분석평가학회 총무위원회 위원(2017), 동두
천시의 재정운용심의위원회 위원(2017) · 정보공개심의회 위원(2017) · 성별영
향분석평가위원회 위원(2017) · 노인복지관 운영위원회 위원(2017) · 금고지정
심의위원(2016), 한국지방공기업학회 총무기획이사(2014), 국민권익위원회
고충민원처리실태 확인조사 심사위원(2014) 등을 역임했다.

저서로는 『정부는 어떤 곳인가』(2017), 『평가지배사회』(2016), 『문화정
책과 경영』(2016), 『행정계량분석론』(2015), 『원조예산의 패턴』(2014)이 있다.
『문화정책과 경영』은 '2017년 세종도서 학술부문 우수도서'로 선정 되었
고, 『원조예산의 패턴』은 '2015년 대한민국학술원 우수학술도서'로 선정
되었다.

주요 학술논문에는 '예산배분 권력의 역전'(2017), '시민과 정부는 어떤
이미지로 존재하고 있는가?'(2016), '마을자치 사업에서 농촌현장포럼의 넛
지 효과 분석'(2016), '공유자산의 자치적 관리 모델에 대한 비판적 검
토'(2015), '문화정책의 이론적 논거와 유형'(2015), '정책평가의 방법론으로
서 퍼지집합이론의 적용 가능성'(2014), '복지정책 담당의 여성적 특성화에
관한 원인 분석'(2014), '한국행정의 '전통' 만들기'(2013), '대북지원 NGO 활
동의 성장과 정부 재정지원의 상대적 중요도'(2012) 등 그 외 다수가 있다.

시민의 얼굴 정부의 얼굴

초판발행	2018년 3월 18일
지은이	김민주
펴낸이	안종만
편 집	김상윤
기획/마케팅	이영조
표지디자인	권효진
제 작	우인도·고철민
펴낸곳	(주) **박영사**
	서울특별시 종로구 새문안로3길 36, 1601
	등록 1959. 3. 11. 제300-1959-1호(倫)
전 화	02)733-6771
f a x	02)736-4818
e-mail	pys@pybook.co.kr
homepage	www.pybook.co.kr
ISBN	979-11-303-0553-0 93350

정 가   12,000원